U0584876

宋闲———

编著

韬略

中国友谊出版公司

**图书在版编目（CIP）数据**

韬略 / 宋闲编著 . -- 北京 ：中国友谊出版公司，
2025. 5. -- ISBN 978-7-5057-6109-4

Ⅰ . D691

中国国家版本馆 CIP 数据核字第 2025DQ9997 号

| | |
|---|---|
| **书名** | 韬略 |
| **编著** | 宋闲 |
| **出版** | 中国友谊出版公司 |
| **发行** | 中国友谊出版公司 |
| **经销** | 新华书店 |
| **印刷** | 天宇万达印刷有限公司 |
| **规格** | 710 毫米×1000 毫米　16 开 |
| | 15 印张　186 千字 |
| **版次** | 2025 年 5 月第 1 版 |
| **印次** | 2025 年 5 月第 1 次印刷 |
| **书号** | ISBN 978-7-5057-6109-4 |
| **定价** | 88.00 元 |
| **地址** | 北京市朝阳区西坝河南里 17 号楼 |
| **邮编** | 100028 |
| **电话** | （010）64678009 |

# 序言

　　经过大半年的努力，我的第一本书终于要和大家见面了！本书的书名《韬略》，取自《六韬》和《三略》，学习韬略之术，立身则身正，理家则家兴，治业则功成。不管是为人处世、向上攀登，还是修身齐家，永远都是"智胜于力"，通过智慧和策略去解决问题，才能达到守正出奇的效果。

　　本书不仅是为了分享韬略之术，更重要的是跟大家分享这些年来我吃过的亏、受过的挫、经历的事、获得的成功、受到的赏识和青睐等自己亲身验证的经验与心得，给想突破舒适圈、想干事、想成事的朋友一些启发和借鉴。

　　和大部分读者朋友一样，我刚参加工作时，也是满怀理想地步入工作岗位，立志要做一番事业。年少轻狂，愤世嫉俗，结果换来的是四处碰壁、郁郁不得志。无数次出租屋的小床上午夜梦回，我都在想，成功的人是靠什么成功的？有人家境好、赶上了机遇等等，而这些我都没有，那我就一生庸碌吗？我认为生命的本色是"犟"——即便先决条件不如别人，也只能代表着起点的高低，并不能决定未来的长短。

"苔花如米小，也学牡丹开"。拿到烂牌是命运，把烂牌打好是本事。我开始不停地思考，不停地验证，因为我坚信成功一定有方法：是勾践卧薪尝胆？是诸葛亮临危受命？是王阳明龙场悟道？

　　人在没有价值的时候是空虚的，所以那时候的我唯一能做的就是不停地看书，深入研究中华传统智谋典籍以及其他各领域的经典作品。我知道看书没有喝酒痛快，没有打游戏开心，但能让我开心的往往都不能使我进步，能让我进步的往往都不能让我开心。就像小时候父母唠叨的教育，又像老师教枯燥的知识，我不喜欢听，但有用。

　　我惊叹于《止学》的作者王通在隋末乱世中著书立说，教书育人，影响了李靖、房玄龄、魏徵、陈叔达等一大批初唐名臣；《谏学》的作者、宋代名相王旦历仕太宗、真宗、仁宗三朝，在"一朝天子一朝臣"的时代屹立不倒；《予学》的作者许劭精于评论，他目睹东汉末年天下豪杰的成败兴衰，对人情世故熟稔于胸，曹操的"奸雄"名号便是拜他所赐；《守弱学》的作者、西晋开国名臣杜预既是实现天下一统的灭吴功臣，也是除诸葛亮外唯一同时配享文庙、武庙的人；《解厄学》的作者、北宋词人晏殊遍览世态人情，指出厄由心生，解厄必先涤心；管理学大师彼得·德鲁克的《卓有成效的管理者》、丹尼尔·卡尼曼的《思考，快与慢》、罗伯特·西奥迪尼的《影响力》、李维文的《六度人脉》等管理学、心理学书籍也使我受益匪浅。慢慢地，我发现读书只是能让我"知道"，却不能让我"做到"，唯有理论加实践才能真正地达到"学以致用"的效果，于是我开始把书中的谋略技巧大量用于自己的生活、工作……

生活开始有所改变，人际交往也变得顺畅，工作中每每让人高看一眼。这些沉淀下来之后，我好像领悟了一种智慧，这种智慧叫作"韬略之术"。

真正的韬略不是为名利钻营谋划、奇计百出，而是以一颗纯粹心、利他心处世，惠人达己地解决困难。所谓"世事洞明皆学问，人情练达即文章"，在家庭、职场、情场、公共场合等，只要多懂一点人情世故，读懂人心和人性，有底层的逻辑和方法，就能以高情商应对绝大部分问题。

因此，我根据自己成功的现实经历，将体悟最深的一些智谋金句辑录成书，并分为御言、御势、御智、御心、御人、御患六章，每节以"原文—白话—案例—心得"的形式逐一对上述内容进行剖析。另外，考虑到时代的发展、社会的变迁，我还特意从现代读者的角度总结先贤的智慧，力求深入浅出，以古鉴今，进而启发读者在当今社会中应该如何立身、如何作为，借鉴古人的处世智慧来改善自己的实际生活。

作为一个过来人，我已经通过实践印证了这些古老的韬略思想在现代社会的可行性。如今我通过互联网分享"向上之道"的方式小有收获，迄今为止，我已经在全网拥有了1000多万粉丝，视频全网点击量达50多亿次。然而，我知道这还远远算不上成功。孟子说："穷则独善其身，达则兼济天下。"这句话的意思是，人在不得志时要修养自身品质，在得志时致力于使天下人受益。因此，我想让这些古圣先贤留下来的宝贵思想落地，以引导更多的人获得成功。

洪应明说："士人有百折不回之真心，才有万变不穷之妙用。"所以，在此，我诚恳地敬告诸位读者朋友，无论学到多少智慧与技巧，都请建立在"其心清正"的前提下，以"善"和"成人之美"为目标做人做事，这才是最能成就自己的秘诀。

最后，谨以此书献给多年来支持我的粉丝朋友以及各位读者，祝大家在未来的生活和事业中"功不唐捐，玉汝于成"！

宋闲

作于 2025 年 3 月夜

# 目录

1

御言第一

# 辩才篇

## 强者不争口舌

舌利非强也。

真正的能言善辩并非强词夺理。

### 案例

#### 邹忌讽齐王纳谏

战国时，齐国有两个大名鼎鼎的美男子，一个是邹忌，另一个是徐公。邹忌问过他的妻子、妾室和客人，他们都说邹忌比徐公长得好看。但当邹忌亲眼见到徐公时，他觉得自愧不如。经过一番深思，他明白了其中的道理。

邹忌去见齐威王，跟他说："我承认，我不如徐公长得好看。我的妻子偏爱我，我的妾怕我，我的客人有求于我，所以他们都说我比徐公好看。可是，大王，您想想——国家有这么大的疆土，城池那么多，宫里的妃子和近侍哪个不偏爱您？朝中的大臣哪个不害怕您？全国的百姓哪个不有求于您？这说明大王您受的蒙骗要远远超过我啊！"

齐威王听后，觉得有道理，就下令："谁敢当面批评我的错误，受上赏；谁敢上书劝谏我，受中赏；谁在众人面前议论我的过失，并传到我耳中，受下赏。"这个政策一出，大臣纷纷来提意见，宫门口跟市场一样热闹。几个月后，还有人偶尔来提意见，但一年后，就算想提也没什么可说的了。齐国因此革除弊政，日益强盛，燕、赵、韩、魏等国纷纷前来朝贡。

邹忌通过自身与徐公比美的事例，巧妙地向齐王提出了广开言路的建议。他没有直接指责齐王的过失，而是以自己的亲身经历为引子，阐述了所听未必为实的原因，然后，他将这个道理引申到国家的治理上，劝诫齐王要广开言路，虚心接受臣民的建议，要敞开耳朵听取老百姓的意见。这种巧妙的讽谏方式不仅让齐王接受了他的建议，还维护了齐王的尊严和权威。

在邹忌巧妙的讽谏下，齐王意识到广开言路的重要性，并采纳了他的建议。这一举措使得齐国政治清明、国力强盛，成为战国时期的强国之一。

## 心得

有人说："牙尖嘴利，非福厚之人。"

尖利的言辞足以刺痛人心，柔和的言辞却如春风般温暖人心。很多人错误地认为，说话犀利、驳倒对方就是能说会道，其实不然。真正的语言魅力不在于强词夺理，而是说话人如何把智慧和技巧融入语言中。一句话说得巧妙，能起到四两拨千斤的作用，这往往比十句强硬的话更有助于解决问题。

生活中总有一些人喜欢和别人斗嘴，为了在辩论上赢过别人，就肆无忌惮地用语言攻击别人，并通过这种方式来寻找成就感。然而，一个人说话的水平并不是这样体现的，只有用巧妙的言语和智慧来说服别人，才是真正的雄辩。

# 遭忌不犯忌讳

人忌言废也。

人遭人忌恨时，言辞往往显得无用。

**案例**

## 才高遭忌，贾谊之殇

贾谊是西汉初期的杰出人物，年少便以才华闻名，二十多岁时被汉文帝任命为博士。贾谊曾提出遣散列侯至各自封地的建议，被汉文帝采纳。然而，许多功臣不愿离开京城，其中丞相周勃功劳最大，以他为首的功臣们对贾谊心怀怨恨，纷纷进言诽谤贾谊"年少初学，专欲擅权，纷乱诸事"。

面对周勃、灌婴等权贵的嫉妒与诽谤，贾谊本可尝试通过谦逊的态度与积极的沟通来化解矛盾，也可以运用自己的智慧在政治斗争中灵活周旋，寻找适合自己的生存之道。但遗憾的是，贾谊的性格过于刚直，对诽谤毫不在意，不断上疏针砭时弊。由于其主张的改革过于激进和超前，与汉文帝所追求的稳定和平衡有冲突，于是汉文帝开始逐渐疏远贾谊，不再采纳他的意见。

汉文帝疏远贾谊后，将贾谊外放到长沙。贾谊的才华与抱负未能得到充分施展，最终在遗憾中度过余生。贾谊的悲剧是才华与命运的错位。他的故事启示我们：刚直激进可能会加剧矛盾，直言进谏未必能取得理想效果。好的谏言需要有适当的时机与恰当的表达方式，这样才能在自保的同时充分发挥个人的才华，实现自己的人生抱负。

### 心得

这一辈子，难免会遇到几个因嫉妒、竞争或其他复杂情感而对我们产生忌恨的人。即便我们费尽口舌，试图解释、辩白或争取理解，也往往收效甚微，甚至可能适得其反，使情况更加恶化。因为当忌恨的情绪在心中生根发芽时，理智的声音往往被淹没，此时的言语便显得苍白无力了。

古人云："水深不语，人稳不言。"

我们用一年时间学会说话，却要用一生去学会何时该保持沉默。真正的智慧在于理解言行的分寸，懂得在关键时刻收敛锋芒。当然，这并非意味着我们应该在被忌恨时选择逃避。相反，我们要有更高的智慧和更大的勇气去面对这一切。真正的力量不在于言语的争辩，而在于通过行动的证明和时间的考验来展现。

特别是在职场上，少说一句犯忌讳的话比不合时宜的辩白更重要。处境不利时切记：气不和时少说话，有言必失；心不顺时莫做事，做事必败。

# 敬上方能进谏

不敬上，无以谏也。

不尊敬上级，就无法进行有效的劝谏。

## 案例

### 触龙说赵太后

触龙是战国时期赵国的大臣，担任左师之职。赵孝成王新即位，秦国利用赵国政权交接的机会，大举进攻赵国。赵国岌岌可危，于是向齐国求援。然而，齐国提出要求，需将赵太后的幼子长安君送到齐国作人质，他们才愿意出兵。赵太后不愿让儿子冒此风险，坚决拒绝了大臣们的强谏，并宣称："若有再言令长安君为人质者，老妇必唾其面！"

触龙面对气势汹汹的赵太后，并未直接提及人质之事，而是先从太后的健康和日常生活入手，表达了深切的关怀。待太后情绪缓和后，触龙巧妙地引出了关于疼爱子女的话题。太后了解到触龙也深爱着自己的小儿子后，不禁产生了共鸣。在此基础上，触龙开始正式劝谏。他通过对比历代赵国君主子孙的遭遇，深刻阐述了"父母之爱子，则为之计深远"的道理；指出长安君虽然地位尊贵、生活富足，但若无功于国，日后将难以在赵国立足，若肯为赵国安危而屈居齐国，则必受国人爱戴。

触龙的劝谏深深打动了赵太后。她欣然接受了齐国的提议，并亲自为长安君准备了车马，送他前往齐国。最终，齐国的救兵出动，赵国转危为安。触龙在劝谏过程中，既展现了对太后的尊重与理解，又巧妙地融入了为国为民的深远考量。这种劝谏艺术，不仅体现了触龙高超的智慧，更彰显了他对赵国未来的责任感。

**心得**

尊重上级，是谏言得以被倾听的前提。在层级分明的社会结构中，对上级的敬意不仅体现了对权威的尊重，更是对职责和秩序的维护。若心中缺乏对上级真诚的敬意，便难以发出具有影响力与建设性的劝谏。

特别是在现代职场中，与上级沟通一定要顾及他的尊严。只有在敬上的前提下提出的意见，才更容易被上级接受。

然而，敬上并不意味着盲从或放弃原则。真正的敬上是在尊重上级的同时，坚持自己的立场与观点，以理性和建设性的方式提出自己的看法和建议，促使上级接受并改正错误。

# 保留才堪信任

**原文**

言尽述，无以宠也。

**白话**

进谏的时候，把心里话都说出来，就无法得到上司的宠信。

## 晏子巧劝齐景公：简短几句话，改变君王心

齐景公时期，齐国国力强盛，但齐景公却逐渐沉迷于奢华享乐之中，不顾民生疾苦。有一年，连着下了几天大雪，天寒地冻的。可他穿着一件特别暖和的狐皮大衣还嫌不够，坐在大殿的台阶上说："真奇怪，雪下得这么大，我怎么一点儿都不觉得冷呢？"这时候，齐国大夫晏子进来了，他听齐景公这么说，就笑着问："大王，您真的不觉得冷吗？"齐景公一听乐了，以为晏子在跟他开玩笑。晏子接着认真地说："我听说啊，古时候的贤君尧、舜，自己吃饱了就会想到别人还饿着，自己穿暖了就会想到别人还冻着。大王您现在穿着这么暖和的衣服，您觉得不冷，是不是就没想到外面还有很多人挨饿受冻呢？"

齐景公一听，心里咯噔一下，这才意识到自己的问题。于是，他立刻下令，把宫里的衣服和粮食都拿出来，分给那些挨饿受冻的老百姓。

还有一次，齐景公因痛失心爱的马匹，下令对养马人处以肢解之刑。晏子见状，想即刻劝谏，但鉴于齐景公正处于盛怒，直接进谏恐非良策。于是晏子采取一种策略性的方式，他询问："对于肢解之刑，尧、舜等古代贤君是否有过明确的执行方法？特别是从身体的哪个部位开始？"由于尧、舜以仁德著称，绝不可能因为一匹马而轻易杀人，更无具体的肢解方法。齐景公闻言，瞬间领悟到晏子的深意，遂改口道："无须肢解，将此人交由狱官处置即可。"随后，晏子进一步向齐景公陈述："此人虽有过失，然其未必全然明了所犯何罪。我愿为他细数罪状，使其死得明白。"接着，晏子开始列述养马人的罪行："你犯有三项重罪。首先，未能妥善照料国君的马匹，致其死亡，此为一罪。其次，所死之马为国君所深爱，

此为二罪。最后，你因养马不当而使国君盛怒杀人，此事一旦传开，必将引发百姓的怨恨，诸侯亦将轻视我国。因你之故，百姓心生不满，邻邦亦轻视我国，此为三罪。你可知罪？"

齐景公听了深感愧疚，慨叹道："释放他吧，以免损害我的仁爱之名。"晏子以智慧和策略成功劝导齐景公，挽救了养马人的性命。

晏子在劝谏齐景公时，没有长篇大论，也没有拐弯抹角，而是直接指出问题的核心，且善于运用古人的智慧和行为作为对比，通过简洁而深刻的言辞揭示出齐景公的不当之处。他并未正面指责齐景公，而是以古代贤君的行为标准来引导齐景公反思自己的行为，让齐景公一听就懂，一听就改。这就是说话的艺术，也是谏言的智慧。

经过晏子的多次进谏，齐景公逐渐认识到自己的错误，开始关注民生，减轻百姓负担，使得齐国在他的治理下更加稳定繁荣。晏子的谏言不仅赢得了齐景公的尊重与信任，更为后世留下了宝贵的治国经验。

### 心得

常言道，"伴君如伴虎"，意指在权力中心，言辞需要谨慎。

真正的忠诚与正直并不意味着毫无保留地吐露心声，尤其是在涉及敏感或不利于上级的信息时。当然，这并不意味着我们要放弃原则，而是要学会在坚持与妥协之间找到平衡点，既不失真心，也不失智慧。

说话的艺术不在于你说了多少，而在于你说得巧不巧。有时候，简单几句话，就能说到点子上，让人一下子明白你的意思，这样的建议才更有价值。真正的聪明人能用最少的字说出最有力的话，让人一听就懂。如果在职场上我们都能这样给领导提建议，那么就会减少很多由沟通引发的问题。

# 语拙隐藏真意

原文

言拙意隐，辞尽锋出。

**白话**

言辞笨拙，可以隐藏真实意图；言辞一旦说尽，锋芒就会显露。

**案例**

## 东坡与佛印对话的禅机

北宋年间，大文豪苏东坡与高僧佛印交情甚笃，常常一起论道。一日，两人打坐参禅时，苏东坡问佛印禅师："禅师，你看我坐禅的样子如何？"佛印端详片刻，颔首赞道："很庄严，宛如一尊佛。"苏东坡大悦。然后佛印禅师又反问苏东坡："你看我像什么？"苏东坡看佛印禅师穿着黄色僧袍，婆娑垂地，于是他抓住机会，连讥带讽地答道："像一堆牛粪。"佛印禅师沉默不语。

苏东坡自以为得计，归家后向苏小妹炫耀。苏小妹却正色道："哥哥，其实输的人是你。禅师心中有佛，故见人皆佛；你心中藏粪，才视人如粪。"苏东坡闻言愕然，方知禅功远不及佛印。

在这个故事中，苏东坡的言辞看似占到了便宜，却在无意中暴露了自己的心境；而佛印看似吃亏，实则在无形中展现了自己的高僧风范和深邃的智慧。二者相较之下，高低立现。

苏东坡经苏小妹点拨后恍然大悟。他意识到自己言辞有失，并深刻地领悟到佛印想要传达的禅意。从此，他在言谈间更加注意分寸与节制，逐渐提升自己的修养与境界。而佛印禅师的智慧与修养也通过此次对话得以传扬，赢得了更多人的敬仰。

## 心得

老子曰："大巧若拙，大辩若讷。"

真正智慧的人往往言辞谨慎，不轻易显露锋芒。相比之下，浅薄之人则往往信口雌黄、无所顾忌，这样的行为不仅暴露了他们的无知与肤浅，更使人一眼便能看穿其内心的真实想法，其张扬的架势更是令人反感。

在现实生活中，语言作为人与人之间沟通的重要桥梁，是个人被外界了解的关键窗口。如果一个人在言语上缺乏节制，口无遮拦，那么他就像一封没有封装的信，所有的秘密都暴露无遗。

# 识不足不言断

**原文**

识不逾人者，莫言断也。

**白话**

知识或见识没有超过他人的人，不应轻易做出判断。

**案例**

## 马谡失街亭

三国时期，蜀汉丞相诸葛亮为推进北伐中原的战略，特命马谡前往街亭担当防务重任，旨在抵御魏军南下。马谡尽管饱读兵书，却在实战经验上有所欠缺，他未能遵循诸葛亮的战略部署，即依托山水优势布置兵力，而是擅自将军队驻扎于远离水源的街亭山上。副将王平就此向马谡提出反对意见："街亭之地，既无水源又无粮道，一旦魏军实施围困，蜀军将陷入不战自溃的绝境。"马谡以精通兵法自居，蔑视王平的意见。他认为将大军置于山上，易守难攻，是兵法中的出奇制胜之道。然而，魏将张郃识破了马谡的意图，迅速切断了蜀军的水源和粮道。最终，蜀军因为水源断绝、粮道被阻而被魏军击溃。马谡失守街亭，直接导致诸葛亮的北伐计划受到了严重的阻碍。

马谡失败，源于他对自身能力的过高估计和对战场形势的轻率判断。他如果能在决策前充分考虑到实际情况，听取有实战经验的将领的意见，或许就能避免这一悲剧发生。

马谡的轻率行为不仅使街亭失守，还直接影响了整个北伐战局。诸葛亮痛心疾首，不得不挥泪斩马谡以正军法。马谡的故事是历史上因决策轻率而失败的典型案例。它警示后人：在决策之前，必须充分了解情况，谨慎评估风险，避免决断轻率而酿成大错。

**· 心得 ·**

每个人所掌握的信息与知识都是有限的。我们的认知与见解尚未超越他人的时，应当保持谦逊，避免轻率地做出结论或判断。

正如古语所云："知之为知之，不知为不知，是知也。"我们应当真诚地审视自我，在不熟悉或不了解的领域切忌妄加判断，因为此举非但可能误导他人，还将损害自身的信誉与形象。真正有智慧的人，会在深入学习与充分思考之后，再谨慎地表达自己的观点。

在现代企业发展中，领导者的决策至关重要，在看清整体的局势之前切勿轻易做决断。如果我们的眼界无法超越别人，就要积极听取别人的意见。


# 势不足不言讳

势不及人者，休言讳也。

势力不及别人的人，不要说犯忌讳的话。

## 案例

### 徐阶隐忍除严嵩

明朝嘉靖年间，严嵩父子把持朝政二十余年，他们权倾朝野、贪赃枉法、横行无忌。徐阶身为内阁次辅，虽然痛心疾首，却从未在公开场合流露过不满情绪——他深知严嵩党羽密布，稍有不慎便会招来杀身之祸。每次严嵩召见徐阶，徐阶都诚惶诚恐，连座位都不敢坐正。阁中的事务只要不违背大的纲领，徐阶也事事都顺着严嵩的意思，严嵩说什么就是什么，二人从不发生冲突。即便严嵩的儿子严世藩多次羞辱他，他也都忍气吞声，毫无怨言。他甚至主动与严家联姻，将自己的孙女许配给严世蕃之子，以此消除严嵩的猜忌。

在严嵩手下任职期间，徐阶始终保持恭敬的姿态，从不惹是生非，只是暗中指使门生故吏收集严嵩父子的罪证，却从不直接参与弹劾。他深知嘉靖皇帝极其宠信严嵩，若非嘉靖皇帝首肯，势必无法扳倒严嵩，于是投其所好，通过为嘉靖皇帝撰写青词而得到宠信。每当严嵩陷害忠良时，徐阶都是表面附和，而暗中保护无辜的清官，如海瑞等人。徐阶隐忍不发长达十余年，其间利用与严家的姻亲关系，获取了大量能够证明严嵩父子贪腐的证据。

嘉靖四十一年（1562），徐阶抓住严世蕃私通倭寇、意图谋反的铁证，联合御史邹应龙发起弹劾。嘉靖皇帝震怒之下，将严嵩削职为民，将严世蕃处斩。徐阶的隐忍并非怯懦，他以柔克刚，用联姻示好化解敌意，借青词邀宠巩固地位，既保全了自身实力，又为最终的反击积蓄了力量。这启示我们：面对强大的对手时，逞一时口舌之快只会招致灾祸，唯有藏锋守拙、潜谋布局，才能在时机成熟时一击必杀。

**心得**

说一百句好话，不一定能结交一个人，但有一句话说得不好，往往就能得罪一个人。尤其是自己处于相对弱势时，言行举止更要谨慎。说出犯忌讳的话，不仅会激怒强者，还可能给自己带来麻烦甚至灾难。因此，保持谦逊、谨慎，避免言语冲突，才是明智之举。这不仅是对强者的尊重，也是对自身安全的保护。同时，不断提升自己的实力，才是改变现状的根本途径。

# 力不足不言强

**原文**

力不胜人者，勿言强也。

**白话**

力量不足以胜过他人的时候，不要说逞强的话。

**案例**

## 高洋：隐忍而多谋的开国之路

高洋是东魏权臣高欢之次子。幼年时期的高洋偶尔展现出天才的潜质，然而随着成长，他却逐渐变得平庸与怯懦。高洋的兄长高澄自幼便展现出非凡的聪慧。年少时，高澄便能独立出征。他先是被选为驸马；接着主动请求进入东魏朝廷辅佐政事，加领军、左右京畿大都督；后又兼任吏部尚书，被加封为大将军，兼领中书监。

高澄性格傲慢，对高洋多有欺凌。面对如此强势的兄长，高洋选择了隐忍。高洋的妻子李祖娥出身于显赫的门阀贵族家庭，她不仅学识渊博，而且容貌出众。高澄多次寻找机会，想要霸占李祖娥，高洋对此却默不作声。高澄因而认为弟弟易于驾驭，逐渐放松了对他的警惕。

高洋的人生转折点发生在公元549年，当时高澄遭到家奴的刺杀。在这一危急时刻，年仅二十出头的高洋迅速集结了一支军队，以迅雷不及掩耳之势平息了叛乱，并稳定了动荡的局势。紧接着，高洋接管了军事指挥权，执掌朝政。此后，高洋积极地在各地制造声势，传播关于自己天命所归的言论。

经过精心布局和耐心等待，高洋终于在公元550年逼迫东魏孝静帝禅位，自立为帝，成为北齐的开国皇帝。

### 心得

一个人在身处下风受到侮辱时，该怎么应对？是要面子、逞口舌之快，还是识时务、避锋芒？选择要面子与逞口舌之快，或许能暂时缓解内心的屈辱感，给对方一个"响亮"的回应。然而，这样的做法往往如同在荆棘丛中挥舞利刃，虽然可能割伤对方，但自己也会遍体鳞伤。

相比之下，识时务、避锋芒则是一种更为成熟和长远的策略。它意味着在面对侮辱与挑战时，我们能够保持冷静与克制，不被情绪左右。

当然，这并不是说我们要一味地忍气吞声、委曲求全，而是要在保持尊严的前提下，以一种更加智慧的方式去应对挑战。比如，我们可以将侮辱视为激励自己前进的动力，不断提升自己的能力和价值，也可以利用这个机会展示自己的胸怀与气度，赢得更多人的尊重与支持。

# 王者辩则少威

**原文**

　　王者不辩，辩则少威焉。

**白话**

　　王者不与他人争辩，因为争辩会有损他的威严。

**案例**

## 汉景帝与辕黄之争

　　西汉景帝时期，有两位学者辕固生与黄生在朝堂上进行了一场激烈的争论，而产生分歧的议题是"汤武革命"的合法性。辕固生精研儒学，他以"天命民心"为据，主张桀、纣失德当诛；而黄生信奉黄老学说，坚持认为商汤和周武王都是弑君篡位。双方引经据典，互不相让，争论逐渐触及汉朝代秦而立的根基。景帝敏锐地察觉到这场辩论若持续深入，无论支持哪方都会动摇皇权的统治——若认同"汤武革命"，恐今人效仿犯上；若否定"汤武革命"，则高祖起义便成叛逆。

　　汉景帝并未直接加入学术辩论，而是以不容置疑的口吻下诏："食肉不食马肝，不为不知味；言学者无言汤武受命，不为愚。"意思是说，吃肉不吃马肝并非不懂得享受佳肴（古人认为马肝有毒，可致死），讨论学术不谈"汤武革命"并不算愚昧无知。此语既承认学术讨论有其自由的空间，又以"马肝"为喻，暗示皇权禁区不可轻犯，否则可能惹祸上身。汉景帝这种"不辩而止"的处理方式，不仅避免了使君王陷入是非之争的窘境，还维护了统治者的权威，可谓一举两得。

自汉景帝下诏之后，再也没有学者敢公开讨论"汤武受命"的问题，这种危险的舆论从此消弭于萌芽阶段。这件事为后来的"文景之治"奠定了思想基础，更为汉武帝"罢黜百家"的思想统一政策埋下了伏笔。汉景帝的智慧不仅体现在对争论的巧妙处理上，更体现在他对如何维护皇权威严的深刻理解上。这种权衡之术，不仅在西汉时期发挥了重要作用，还为后世君主提供了有益的借鉴。

王者重在以行立威，其权力与地位即是权威的象征，足以令众人俯首称臣。若身处高位与人争辩，却未能以理服人，反而可能暴露其无知与霸道，招致广泛的非议，这是王者要极力避免的局面。

当今时代，领导者也应以此自戒。在职场这个大舞台上，领导最忌讳的就是和下属争对错，这样不仅会损害领导在下属心目中的形象，还会破坏团队和谐、影响工作效率，带来一系列负面的影响。

# 智者讷则惑敌

智者讷言，讷则惑敌焉。

**白话**

有智慧的人说话迟钝，说话迟钝就能迷惑敌人。

## 阮籍醉酒避亲

魏晋时期，司马昭为拉拢人心、巩固权力，欲与名士阮籍联姻。阮籍深知司马昭野心勃勃，若与之联姻必将卷入政治旋涡，但如果直接拒绝又可能招来杀身之祸，因此阮籍选择了一种独特的应对方式——佯装醉酒糊涂。他连续两个月昼夜纵酒，每日烂醉如泥，言语含糊不清。司马昭派来提亲的人始终没有机会与他谈论提亲的事宜，只能如实回禀。司马昭无奈叹息道："这个醉鬼，随他去吧！"司马昭的手下钟会多次向阮籍请教有关时事的问题，企图从中找出一些差错来治他的罪，也被阮籍以醉酒为借口糊弄过去。

阮籍通过醉酒使言语迟钝、混乱，表面呈现庸碌、粗俗之态，实则暗中坚守立场。在司马家族独揽大权的时代背景下，阮籍深知保持清醒、遗世独立是何等艰难。讷言是一种大智若愚的生存智慧。

阮籍"醉酒避亲"，既保全了自身名节和人身安全，又打消了司马昭的妄想。后来阮籍尽管在立场和理念上与司马家族存在一定的矛盾，但最终没有遭到司马家族的迫害，反而还几次受到司马昭的保护。这种以退为进、以柔克刚的讷言之道，成为人们面对强权时的一种策略。

孔子曰："君子欲讷于言而敏于行。"老子亦云："大辩若讷。"

讷言，即慎言少语，言前须三思，避免口无遮拦。此二字凝聚了圣人对社会、人生的深度思考。对于常人而言，则可塑造内敛、敦厚、有智慧的自我形象。讷言之人自我约束力强，行事不致莽撞。所谓"言多必失"，在复杂的局势中，不轻易暴露意图，以沉默或讷言迷惑对手，这是深沉稳重、有智慧谋略的体现。

在实际生活中，真正有智慧和人格魅力的人不在于言谈多少，而在于适时而言，让自己的言语恰如其分。

# 勇者语则怯行

勇者无语，语则怯行焉。

勇士通常沉默寡言，因为话语多会让他们犹豫不决。

### 案例

## 鉏麑撞槐明志

春秋时期，晋灵公姬夷皋暴虐无道，受到了佐政大夫赵盾的多次劝谏。晋灵公因此十分厌恶赵盾，于是派刺客鉏麑去刺杀正直的赵盾。

清晨，鉏麑潜入赵盾的居所，看到卧室的门已经敞开了，赵盾穿戴得整整齐齐准备上朝。只不过因为时间还早，所以赵盾坐着闭目养神，嘴里还喃喃地念着规劝君王的话语。鉏麑被赵盾的勤勉与忠诚震撼，内心天人交战："杀忠臣则不义，违君命则不忠，不如死也。"他没有留下片言只语，也没有惊动赵盾，而是退至庭院，用力撞向院中槐树自尽，以一腔肝胆写下无声的宣言。

鉏麑用身体撞击槐树发出的闷响代替了所有辩解。他用慷慨赴死的勇气完成了对"忠"与"义"的双重诠释——既不愿违背国君的命令，更不忍伤害国家的栋梁。真正的勇气是对道义的坚守，而非对暴力的屈从。

真正的勇气从不需要喧嚣作注脚。鉏麑的事迹被记载于《左传》，并流传后世。他用血肉之躯证明：当言语无法承载道义的重量时，勇者会选择用生命书写答案。鉏麑之死如同一道沉默的惊雷，不仅震撼了当时的人们，也激励着后人在忠义面前做出正确的抉择。

· 心得 ·

勇气常通过言行来体现，但往往沉默是勇气的另一种表达方式。勇者之所以选择沉默，是因为他们深知言语的轻率可能削弱行动的决心。他们用行动而非空洞的言辞来诠释勇敢。

在决策与行动之间，沉默是深思熟虑的体现，是对自我信念的坚守，也是为了避免无谓的犹豫和动摇。勇者的每一次行动都是深思熟虑后的结果，而非冲动或轻率的决定。

# 哲理言于智者

## 原文

言与智者，晦也。

## 白话

与智者交谈，言辞应隐晦。

## 案例

### 庄子与惠子游于濠梁之上

战国时期，庄子和惠子一块儿在濠水边上游览。庄子看到一群小鱼自在遨游，就随口说道："看这些小鱼游得多悠闲，它们肯定很快乐！"惠子一听，就较起真来："你又不是鱼，你怎么知道鱼快乐呢？"庄子笑着反问："那你也不是我，你又怎么知道我不知道鱼快乐呢？"惠子接着说："我不是你，当然不知道你心里怎么想的；但你肯定也不是鱼，所以你不懂鱼的快乐，这是明摆着的啊！"庄子一听，慢悠悠地说："咱们还是回到问题的根本上吧。你刚才问我'你怎么知道鱼快乐'，这话已经说明你默认了我知道鱼快乐，只是好奇我是怎么知道的。其实，我就是在这濠水边上，通过观察感受到了鱼儿的快乐。"

庄子其实没有直接说明他是怎么知道鱼快乐的，他用的是反问的方式，以此隐晦地表达了他的哲学观点，即"物我合一，融通万物"。

与智者探讨深奥话题时，可以通过巧妙的反问引导对方深入思考，同时也在问答之间展现自己的智慧与见解。这种方式不仅避免了直接陈述产生的片面与肤浅，更能在互动中增进双方对问题的理解。

在隐晦而深刻的交流中，双方的思想得以激烈碰撞，智慧得以相互交融。这样不仅能就话题本身进行深入探讨，更能在这一过程中相互启发。这样的交流方式，无疑为智慧的传承与发展注入了新的活力与可能。

 心得

隐晦是精心设计的言辞艺术，表面上看会让人摸不着头脑，实际上充满深度和内涵。跟智者聊天，你要是直愣愣地把意思都说透了，可能不仅激不起他们心里的涟漪，还会让对方觉得你不够深沉。所以，聪明人得学会用隐晦的方式，绕着点儿弯子，把想说的意思藏在话里头，让对方琢磨琢磨才能品出味儿来。这样一来，聊天就变得更有意思了，还能在交谈之间碰撞出智慧的火花来。

# 简明言于愚者

原文

言与愚者，明也。

与愚笨的人交谈，言辞应力求清晰明了，以免误导或加深其困惑。

## 案例

# 鄙人索马

孔子带领弟子周游列国，途经某地休息。不料，他的马匹挣脱了束缚，跑到附近的田地里，吃了农夫的庄稼。农夫发现后非常生气，于是把马牵走以示惩罚。孔子的学生子贡一向以能言善辩著称，见此情景便主动请缨前去说服那个农夫。他使出浑身解数，说了很多话，试图解释和辩解，但那个农夫却完全不为所动。这时，一个刚刚跟随孔子学习不久、看似粗俗的人站了出来。他走到农夫面前，用朴素而直接的语言说："您看，您未曾离家到东海之滨种地，而我未曾到西方种地，我们的田地虽相隔千山万水，但庄稼长得都差不多，我的马儿怎么分得清哪些是你的庄稼，哪些是我的呢？它不过是无知地吃了几口罢了。"农夫听了这番话，觉得很有道理，于是怒气消了大半，说："要是说话都像你这样清楚明白就好了，哪儿会像之前那个人说那么多听不懂的话。"说完，他就把马还回来了。

孔子看到这一幕，感慨地说："用那些高深莫测的道理去说服他，就像是给野兽准备最丰盛的祭品，或是请飞鸟来聆听美妙的音乐一样，完全不合时宜。这其实是自己的错，而不是对方的错。"

子贡能说会道，但只有跟文化人交流时才管用。他跟农夫对话，句句不离"子曰""诗云"，希望以理服人，但事与愿违，农夫并不买账。相较之下，那看似粗俗之人一句朴实无华的话语，便成功索回了马匹。可见在说服他人接受意见时，必须以对方能理解且接受的方式阐述，才能立竿见影。

看似粗俗之人要回了马，双方的误解得以消除。他之所以能够成功说服农夫，是因为他能站在对方的立场上思考问题，用朴素而直接的语言阐述事实，使对方感受到真诚并能够理解自己。同时，他巧妙地运用了对比与类比的手法，将复杂的问题简单化，使农夫一听即明，从而达到有效沟通的目的。

宁与智者争高下，不跟愚者论短长。

愚笨的人心思简单，理解能力有限。智者与这样的人交谈，言辞的清晰度与直接性显得尤为重要。复杂或隐晦的表述不仅难以被他们理解，反而可能引发误解，产生沟通障碍。因此，智者在与愚者交谈时，会刻意选择简单明了的语言，确保信息准确无误地传达给对方，从而达到沟通的目的。

# 诡诈言于敌者

言与敌者，诈也。

**白话**

在与敌人交涉时，运用诈术是必要的策略。

## 曹操抹书间韩遂

东汉末年，曹操与马超、韩遂等西凉将领在潼关交战。韩遂与马超是世交且同为西凉军的重要将领，两人关系紧密，对曹操构成了巨大的威胁。曹操为了瓦解敌方联盟，决定采用诈术离间韩遂与马超。

一日，曹操派人给韩遂送去一封书信。信中故意涂抹多处，仿佛是在匆忙之中所写的，且内容多为无关紧要的家常之语，但字里行间透露出对韩遂的关切与尊重。曹操的用意在于让马超看到此信后，怀疑韩遂与曹操有私交，从而使他们二人心生嫌隙。

马超看到了这封被涂抹的信，果然对韩遂的忠诚产生了怀疑，两人之间的关系开始变得微妙起来。曹操见计策初见成效，便又故意在阵前与韩遂交谈，言语间表现得非常亲近，仿佛两人是老友重逢。这一幕被马超看在眼里，加深了他对韩遂的猜疑。

曹操通过伪造一封看似随意却暗藏玄机的书信，以及阵前亲昵的表现，成功地在马超心中种下了怀疑的种子。这种诈术不仅使韩遂与马超之间的关系产生了裂痕，还削弱了西凉军的内部团结，为曹操后续的军事行动创造了有利条件。

曹操利用诈术成功地离间了韩遂与马超，使西凉军内部纷争不断，战斗力大减。最终，曹操在决战中大败西凉军，扩大了自己的势力范围。此故事说明，对敌人使用语言诈术，利用信息不对称和心理战术，可以达到瓦解敌方联盟、削弱其战斗力的目的。

所谓兵不厌诈，在与敌对峙或谈判的场合中，言语的巧妙运用往往能决定胜负。诈术并非欺诈，而是智慧的体现，即在不违背原则的前提下，利用信息的不对称和心理战术，使敌方在判断上产生偏差，从而达到我方的战略目的。

# 良言易被歪曲

## 原文

良言易污，心善易伤。

## 白话

美好的言辞往往容易遭到歪曲或玷污，心地善良往往容易受到伤害。

## ·案例·

### 商鞅变法，立木为信

战国时期，秦孝公嬴渠梁即位以后，决心图强改革，便下令招贤。商鞅提出了一整套变法求新的发展策略，深得秦孝公的信任。秦孝公任命商鞅为左庶长，主持变法。其中，"废井田，开阡陌"便是核心政策之一。此政策旨在打破旧有的土地制度，鼓励农民开垦荒地，增加耕地面积，从而促进农业生产，增强国家的经济实力。

然而，这项看似利国利民的改革措施，在法令公开颁布之初，便遭遇了巨大的阻力。旧贵族们——那些曾经手握井田制特权、享受着安逸生活的既得利益者，面对商鞅的改革风暴，感受到了前所未有的威胁。于是，他们联合起来，利用手中的权力和影响力，开始在民间散布谣言，称变法不可信，商鞅是魏国来的，更加不可信。

　　面对保守势力的围攻和舆论的误导，商鞅没有选择退缩或妥协。他深知作为一个新的改革者，就必须拿出建立公信力的策略。于是，他派人在都城南门立起一根木头，这根木头有三丈多高，他说："谁能够把这根木头搬到北门去，就赏给那个人十两金子。"最开始，当地百姓不愿相信商鞅，认为把木头扛到北门毫不费力，居然可以得到十两黄金的回报，这实在让人难以相信。就在大家以为商鞅在开玩笑时，商鞅把奖赏提升到五十两金子。围观者更觉得其中大有古怪，可就在这时，人群有一个人半信半疑地把木头搬到北门，商鞅立即奖赏了五十两黄金。此事在全国火热地传开，老百姓议论纷纷，商鞅的诚信有目共睹，他的信誉也就这样建立起来了。于是商鞅就抓住时机，颁布了法令。

　　商鞅变法取得成功，秦国实力显著增强，为统一六国奠定了基础。遗憾的是，秦孝公去世后，商鞅失去强有力的支持者，只得逃亡。最后，商鞅死于彤城（今陕西省华州区西南），尸首被车裂。但无论商鞅个人的遭遇如何，他的变法政策在秦国得以继续实行下去，并成为后世变法改革的典范。从这个角度来看，商鞅无疑是成功的，他无愧为智者。

### 心得

　　良言如同明珠蒙尘，易被世俗玷污。这不仅是言辞本身的悲哀，更是人性复杂的体现。这些良言往往因为各种原因未能如其本意般被理解和接受。

　　良言之所以易污，一方面是因为人心的复杂多变，另一方面因为外界环境的干扰与扭曲。正如清澈的水滴入浑浊的河流，即使其本身纯净，也难以避免被周围的环境所影响。

在人际交往中，一句出于好意的建议或忠告，可能因为表达方式、语境的不同或是接受者的心态、情绪等因素，而被误解为嘲讽、批评甚至挑衅。这种误解是对双方关系的严重伤害。因此，真正的智者不仅要有说出良言的勇气，更要有使良言被正确理解的智慧。

# 善言未必善报

**原文**

善言未必善报。

**白话**

说出善良的话语，不一定能获得相应的善报。

**案例**

## 比干：忠臣之血，谏官之殇

比干是商朝君主文丁之子、商纣王帝辛的叔父，幼年聪慧，勤奋好学，二十岁就以太师高位辅佐帝乙。帝乙去世，他受托孤之重任，辅佐商纣王帝辛，历经两朝，忠君爱国，敢于直言劝谏。商纣王荒淫无道，比干多次冒死进谏，试图规劝纣王改邪归正，以保社稷安宁。然而，纣王非但不听，反而对比干的忠言感到厌烦与愤怒。

面对纣王的暴怒与威胁，比干依然坚守忠诚，继续以善言相劝。他深知自己的谏言可能无法立即改变现状，但他更清楚臣子必须尽忠职守，即便牺牲生命也在所不惜。

最终，比干因直言进谏触怒纣王，被挖心处死，其忠贞与勇气令人动容。虽然比干未能立即从纣王那里获得善报，但他的精神与事迹却永远铭刻在历史的长河中，成为后世忠臣的楷模。比干的故事告诉我们：善言虽然未必能即时得报，但其价值在于对正义的坚守与对后世的启迪。善言未必得善报，善言的价值与意义却远远超越了即时的回报。在中国古代，无数忠臣良将以他们的生命为代价，证明了善言的力量与价值。他们的事迹激励着我们，在面对不公与黑暗时，依然要为正义和光明而奋斗——说善言，而不图善报。

### 心得

我们常常憧憬善言能结善果，但在善言与善报之间可能存在变数。言语是心声的自然流露，能暖人心，也能刺人骨髓。

在中国古代社会，忠臣良将常以善言谏君，然而，忠言逆耳，往往难以立即得到君主的善报。

善言如同夜空中的星星，虽照亮前路，却可能因夜色深沉而被遮蔽。因此，我们在坚持传达善言的同时，也需要有坚忍不拔的心志，理解并接受善言未必能得善报的现实。

# 谎言未必招恶

诳语未必人厌。

欺骗的话语不一定让人厌恶。

**案例**

## 泰伯三让王位

周太王古公亶父育有三子：长子泰伯，次子仲雍，三子季历。季历娶太任，诞下一子，名昌（即周文王姬昌）。昌自幼才智出众，形貌非凡，展现出王者之姿，因而深受周太王宠爱。

周太王有意将周室基业传于姬昌，然而依据当时的氏族传统，王位必由嫡长子承袭。姬昌之父季历身为第三子，自然无资格承袭王位，这也意味着姬昌难以承继周室基业。周太王既不愿违背氏族规矩，又为无法传位于孙儿姬昌而叹息，这一幕被泰伯和仲雍两个儿子看在眼里，记在心里。

泰伯深知父亲的犹疑，他说服弟弟仲雍与他一起隐退，这样父亲就能名正言顺地把王位传给三弟季历。于是，他们趁父亲生病时谎称要去遥远的南方采药，便隐居吴地。

后来，周太王去世，泰伯和仲雍回到家乡奔丧，季历想把王位还给泰伯，但泰伯再三推让。等丧事结束后，泰伯和仲雍又悄然离开了。

不久，季历派人寻到吴地，请泰伯回国继承王位。然而泰伯指着自己的头发和身体说："我到吴地，入乡随俗，文身断发，已不可继承宗庙社稷了。"泰伯以此举断绝季历心中最后一丝疑虑，可谓大节不夺。季历看到哥哥如此坚决，便决定不负所望，要把天下治理好。季历去世后，姬昌继承王位，之后才有了武王伐纣的历史。

泰伯三让王位，赢得了世人的赞誉。他与当地人民携手并肩，共同开发江南，使得这片土地逐渐繁荣起来。他创立"句吴"，为吴国的崛起奠定了基础。然而，他始终不肯称王，只愿被人们称为"伯"，并且没有留下后代，以表明自己让位的决心。他高尚的品德和无私的行为，被后人广为传颂。孔子读到这段历史时，感动得拍案惊呼："泰伯，其可谓至德也已矣！三以天下让，民无得而称焉。"

### 心得

谎语，即欺骗的话语，常被世人所唾弃，被视为不诚不义的言辞。然而，世事复杂多变，在某些情境下，有时善意的谎言能化解矛盾，保护他人免受伤害，且在各种言辞策略中，适时的伪装也可能是避免冲突的关键。

真正的智慧在于理解人性的多面性，以及在不同场合下选择最合适的表达方式。因此，有时谎言未必让人讨厌，关键在于其背后的动机与目的。

御勢第二

# 君子不靠权势

**原文**

君子势不于力也，力尽而势亡焉。

**白话**

君子的势力不表现在权力上，否则权力用尽，势力也将随之消亡。

**案例**

## 刘秀的中兴之路

刘秀为汉高祖刘邦九世孙，东汉开国皇帝。王莽篡汉，天下大乱，刘秀在征战的过程中对百姓宽厚仁慈，深得民心。他善于结交英雄豪杰，以诚待人，赢得了众多忠诚的将领与谋士的支持。同时，刘秀还具备卓越的战略眼光与决策能力，在关键时刻能够果断出手，扭转局势。凭借这些品质与能力，刘秀在乱世中脱颖而出。

昆阳之战后，刘秀眼见百姓流离失所，不禁心生怜悯，决定暂停征战，安抚百姓，恢复生产。他亲自下地耕作，同时颁布一系列利民政策，减轻百姓的负担。刘秀的仁德之举迅速赢得百姓的拥戴，他们纷纷归附刘秀。此外，在攻克河北、平定王郎之乱的过程中，刘秀也始终秉持着仁德之心，对投降的敌军给予优待。这些行为进一步提升了刘秀的威望，使更多的人愿意归顺于他。

刘秀的成功在于他并不单纯地依赖权力来征服世界，而是注重内在的修养与道德品质的提升。他通过自己的言行举止来感染他人，以仁德仁政来赢得人心与支持。

刘秀中兴汉室，不仅成就了自己的伟业，更为后世留下了宝贵的精神财富与深刻的历史启示。他的功绩被历史铭记，成为后世无数帝王将相学习的楷模。

孔子曰："君子务本，本立而道生。"此处的"本"，不仅指事物的根本，更指人内心的修养与高尚的品德。

真正的君子，其影响力与势力并非仅仅建立在权力的基础之上，而是源自其深厚的道德修养、卓越的智慧以及赢得人心的能力。当权力成为唯一的支撑时，一旦权力耗尽，势力也将如失去根基的大楼，势必轰然倒塌。因此，君子应当注重内在修养，以德才兼备来稳固自己的势力，从而在面对各种挑战与变故时屹立不倒。

# 权势不宜过盛

**原文**

势极无让者疑，位尊弗恭者忌。

权势达到顶峰而不知退让，必然会引起他人的猜疑；地位尊贵却不谦恭的人，则会使人嫉恨。

## 案例

### 桑哥的崛起与陨落

桑哥以见识广博被元世祖忽必烈召进宫中听用，并凭借理财才能深受元世祖宠信，成为右丞相。掌管国政期间，他推行了一系列改革措施，增加了国家的财政收入，但因为严苛追征、贪腐横行激起民愤。桑哥还因为增加赋税、限制禁卫军占地、裁抑贵族开支，触动了多方的利益。此外，他还沉迷于权力斗争，打压异己势力，对朝中大臣的意见也往往置之不理。他这种傲慢的态度逐渐引发了朝野的不满，也为他的失势埋下了伏笔。

最终，侍御史程钜夫等多次上疏揭露桑哥贪腐及滥用职权的罪状。桑哥对此震怒，极力打压举报者。元世祖介入调查，发现桑哥确曾沮抑御史台，并实行严苛政策，加重百姓负担。最致命的是，桑哥结党营私、贪赃受贿，其亲友及党羽大多借其势得官、受贿。元世祖大怒，桑哥终因贪腐被证实而遭拘捕，不久后抄家伏诛。

桑哥的故事警示我们：权势与地位虽能带来一时的荣耀，但若不懂得退让与谦恭，终将难逃覆灭的命运。智者应当尊重他人的意见，广开言路，以平和的心态应对各种挑战。桑哥的毁灭不仅是他个人的悲剧，对后世政治家而言也是深刻的教训。

权势既能助人攀登高峰，亦能使人跌入深渊。无论是权贵还是平民，在人格上都是平等的。那些能够在权势与地位的考验中保持本心、不忘初衷的人，无论身处何种境遇，都能保持内心的平静与坚定。他们不会因为一时的得失而迷失方向，更不会因为外界的诱惑而放弃自己的原则。

然而，现实生活中能够做到这一点的人并不多见。许多人一旦掌握了权力，便容易迷失自我，沉溺于权势带来的快感与虚荣之中，不惜牺牲他人的利益来满足自己的欲望。最终，他们不仅会失去他人的信任与尊重，还可能因此走向毁灭。

# 权势无常勿恃

**原文**

势无常也，仁者勿恃；势伏凶也，智者不矜。

**白话**

权势是变化无常的，仁德的人不应过分依赖它；权势背后潜伏着凶险，有智慧的人不会因为有权有势而自夸自大。

**案例**

## 郭子仪：功盖一代而主不疑

唐朝名将郭子仪，历经七朝，功勋卓著。唐朝中期，安史之乱致使朝局动荡，郭子仪凭借卓越的军事才能和过人的智慧，多次平定叛乱，维护了国家的稳定。然而，他从未因此而自高自大。他对待同僚和下属总是谦逊有礼，即便在功勋最盛之时，也始终保持低调，不参与宫廷内的权力斗争。有一次，唐代宗因听信谗言而对郭子仪产生猜疑，甚至下令夺去了他的兵权。面对这一突如其来的打击，郭子仪没有怨天尤人，更没有起兵反抗，而是坦然接受，并主动上交兵符，以示自己的忠诚。他这一举动不仅消除了唐代宗的疑虑，也赢得了朝野上下的尊敬与赞誉。

郭子仪身居高位，依旧保持谦逊的态度；受到猜疑，依然忠诚履职，不为一时的得失所动。他深知权势虽诱人，但须谨慎用之；猜疑虽可畏，但须以诚相待。正是具备这种高贵的品质，他在动荡不安的唐朝中期得以保全自身，并留下了不朽的功勋与美名。

郭子仪为唐朝的安定与复兴做出了重要贡献，却从不自夸自耀，一生光明磊落、正直谦和。他深谙为官之道：对君王毕恭毕敬，有召必至，从不怠慢；对同僚以礼相待，极尽宽和。因此，史学家评价他："权倾天下而朝不忌，功盖一代而主不疑。"

## 心得

权势背后往往隐藏着难以预料的危机与凶险。有智慧的人不会因为拥有权势而沾沾自喜，反而会更加谨慎。身居高位者每一个举动都宛如在悬崖边起舞，稍有不慎便可能坠入万劫不复的深渊。

权势运用得当，可以斩断荆棘，开辟通往成功的道路，但也可能在不经意间伤害自身，甚至殃及无辜。智者往往选择低调行事，避免成为众矢之的。同时，智者也深谙人性，明白权势之下常伴随着嫉妒、贪婪与背叛，因此他们会在心中保持警惕，时刻准备应对可能出现的挑战。

# 失势少怨复得

**原文**

势或失之，名或谤之，少怨者再得也。

**白话**

权势可能会失去，名声可能会遭污蔑，少发怨言的人往往能失而复得。

**案例**

## 王阳明的心学修行

王阳明是明代理学家、教育家，他的一生充满了坎坷与波折。王阳明二十八岁中进士，入朝为官后频繁上疏，展现出了远见卓识，不久便被任命为刑部主事。明武宗正德元年（1506）冬，宦官刘瑾擅权，逮捕了南京户科给事中戴铣等二十余人。王阳明不畏强权，上疏论救，因此触怒了刘瑾，遭受杖责四十的惩罚，并被谪贬至贵州龙场，担任驿丞这一低微的职务。

贵州龙场环境恶劣，当时还是一片未开化的地区。王阳明身处荒蛮之地，语言不通，生活极度困苦。然而，正是这段艰难的经历，让王阳明有了深入内心修行的机会。

身处低谷，王阳明没有沉沦也没有怨恨，而是开始深入研究心学。他通过内心的修行，逐渐克服了外在的困境，实现了精神的升华。同时，他也始终保持着对时局的关注与敏锐的洞察力，为未来的再起打下了坚实的基础。

在龙场的艰难岁月中，王阳明完成了心学的重要突破，领悟出"心即理""致良知""知行合一"等重要思想。他的学说迅速传播开来，影响深远。后来，刘瑾倒台，王阳明得以重返政坛，并在平定宁王之乱等军事行动中展现出卓越的才能与智慧，赢得了朝廷的赏识与百姓的爱戴。

**心得**

失去权势或者名利受损，有的人会沉溺于悲伤与怨恨之中，有的人却能以更加成熟的心态去面对。少发怨言，并非无情感、无愤怒，而是懂得自我反省，保持冷静与内心的坚韧。这样的人不会计较一时的得失，而是着眼于长远的目标。他们知道，每一次挫折都是成长的机会，每一次失败都是通往成功的必经之路。

身处逆境时更要懂得自我激励，不断地给自己设定新的目标。每一个目标的实现，都是不断变强的标志。最终，他们会以更加坚定的信念和更加成熟的心态，重新站在人生的舞台上，闪闪发亮。

# 得势无骄有福

势固灭之，人固死之，无骄者惠嗣焉。

权势必然消亡，人终将死去，不骄纵的人才能惠及子孙。

## 司马懿的沉稳与远见

司马懿深具谋略，他深知曹操多疑且非平庸之辈，因此选择隐忍不发，蛰伏多年。尽管最终不得不接受曹操的征召，他依旧保持着伪装，行事谨慎。在魏明帝曹叡统治时期，司马懿成功地抵御了诸葛亮的北伐。面对胜利，他并未沾沾自喜，反而更加小心谨慎，时刻警惕着来自朝廷内外的潜在威胁。魏明帝曹叡去世后，年仅八岁的曹芳继位，由大将军曹爽和太尉司马懿共同辅政。曹爽行为放纵，排挤司马懿，独揽大权，并很快晋升司马懿为太傅，剥夺了司马懿的实权。面对这一困境，司马懿选择了隐忍，以病重为由辞官，以此迷惑曹爽。随后，他暗中紧密筹划，静待时机反击。在高平陵之变中，司马懿抓住机会，一举铲除了曹爽的势力，重新掌握了曹魏的大权。

司马懿成功的秘诀在于他能够时刻保持谦逊谨慎的态度，不为一时的得失所动。他善于观察时局，洞察人心，从而制定出最符合实际的策略。

司马懿沉稳且不骄纵，有远见且知进退，他不慌不忙，在曹魏三代君主更迭的过程中，为他的子孙后代铺就了一条光明之路。他的儿子司马师、司马昭相继掌权，为西晋的建立奠定了坚实的基础。而西晋的开国皇帝司马炎，正是司马懿的孙子。三国多英豪，谁承想，司马懿才是笑到最后的人。

**心得**

古往今来，多少英雄豪杰曾经权势滔天，最终都化作一抔黄土。他们或许留下了一些关于权力、名利与人性斗争的故事，警示着后人；又或许，他们深知权势的虚幻与短暂，即便站在权势的巅峰，他们也能保持清醒，以谦逊的态度面对世间万物。他们的修养和智慧在惠及子孙的同时，跨越时空的界限，成为后世传颂的典范。

# 众势一人堪毁

**原文**

众成其势，一人堪毁。

**白话**

众人齐心协力，方能成就大势；然而，一旦其中一个人出现严重的失误或背叛，这股势力便可能被瞬间瓦解。

**·案例·**

### 袁世凯背叛共和

辛亥革命高举反帝反封建的旗帜，得到了广大民众和革命党人的积极响应与支持。在这场革命的关键时刻，袁世凯作为清朝新军的重要将领，其态度和行为成为决定革命成败的关键因素。

袁世凯起初在革命与清廷之间摇摆不定，他既未全力支持革命，也未彻底倒向清廷。然而，随着革命的深入和清廷的崩溃，袁世凯逐渐看到自己掌握政权的可能性。他通过政治手腕逼迫清帝退位，从而实现了自己成为中华民国临时大总统的野心。

然而，袁世凯并未因此感到满足。他背叛共和，试图恢复帝制，这一行为引起全国上下的强烈反对。在各方势力的联合抵制和反对下，袁世凯的复辟计划最终破产，他本人也在忧愤中病逝。

任何个人或势力都无法违背历史发展的规律。袁世凯本有机会成为推动社会进步的重要力量，但他选择了错误的道路。他试图恢复帝制的做法违背了时代的潮流和人民的意愿，因此注定失败。

袁世凯个人的野心不仅导致其政治生涯的终结，也给国家和社会带来了深重的灾难。这一历史教训提醒我们：在任何时候都要保持清醒的头脑和正确的价值观，以国家和人民的利益为重。

### ·心得·

《吕氏春秋》中有言："万人操弓，共射一招，招无不中。"团队的力量是巨大的，它汇聚起每个人的智慧和努力，创造出超越个体的辉煌成就。然而，正如坚固的城堡可能因一个小小的裂缝而崩塌一样，团队的成功也可能因为某个成员的失误或背叛而毁于一旦。

我们在构建团队并追求共同目标的过程中，不仅要注重集体的凝聚力和向心力，更要重视每个成员的作用与责任。领导者需要具备敏锐的洞察力和果断的决策力，及时发现并处理可能危及团队的潜在问题。同时，每个成员也应时刻保持高度的责任感和使命感，确保自己的行为与团队的利益保持一致。

# 恃强凌弱遭弃

**原文**

　　强者凌弱，人怨乃弃。

**白话**

　　有强大势力的人欺凌弱小之人，终将招致众人的怨恨，被众人抛弃。

**案例**

## 项羽的暴行与速亡

　　项羽是楚国贵族出身，自幼便受家族荣耀与仇恨的熏陶。其祖父项燕是楚国大将军，为抗秦而死。这种仇恨如同火种，在项羽心中燃烧，激他奋进，也扭曲了他的价值观。

　　项羽自视甚高，骨子里轻蔑底层百姓。在他看来，秦国的民众不过是实现霸业的工具，可以随意牺牲。于是，他大败秦军后，坑杀二十万秦卒，屠咸阳，屠齐地，每一次暴行都如同利刃，割断了他与民众之间的丝丝联系。这些行为不仅未能巩固他的统治，反而激起了广泛的民愤，使他在争夺天下的道路上越走越孤单。

　　若项羽能放下仇恨，善待无辜的士卒、百姓，他或许能够赢得更多人的支持与拥护。在战乱纷飞的年代，民众渴望的是和平与安宁，而非无尽的杀戮与掠夺。项羽若能洞察此道，以德服人，而非恃强凌弱，他的霸业或许能更加稳固、更加长久。

项羽的暴行最终导致了败亡。垓下之战，他失去了所有。带着对自己行为的悔恨与无奈，他在乌江边自刎而死，一代英雄就此落幕。

强者与弱者如同天平的两端，一旦失衡，便会引发不公与怨恨。拥有强大的力量不是为了以强凌弱，而是为了保护弱小，维护社会稳定。强者若一味地恃强凌弱，便会失去人心，变得孤立无援。孟子曰"得道者多助，失道者寡助"，正是此理。

正如一座高楼需要坚实的地基才能屹立不倒，强者也需要弱者的支持才能稳固其地位。只有懂得尊重和关爱弱者，强者才能赢得他们的信任和尊敬。这样的社会才能充满活力和希望，在不断变化的环境中持续发展和繁荣。

# 谋略以和为先

和而弗争，谋之首也。

和平而不起争斗，这是谋略首先要考虑的。

# 郑和下西洋，以和怀远

明永乐三年（1405）至宣德八年（1433），明成祖朱棣遣郑和率两万余众七下西洋。面对印度洋沿岸诸国林立、海盗横行的复杂局势，郑和船队以"宣谕德化"为使命，在展现军事威慑力的同时，始终坚守"以利相交，以义相结"的外交原则。

郑和通过文化怀柔、经济共赢、安全保障、政治互信四个维度的系统施策，构建起跨文明合作体系：在满刺加（今马六甲）建立"官厂"，传播中华文明，于古里（今属印度）立碑铭文镌刻和平誓言；以"厚往薄来"贸易政策联结暹罗（今泰国）、爪哇等国，建立"海上丝绸之路"经济圈；剿灭海盗陈祖义的势力并设立明军卫所以维护航道安全；调解暹罗与满刺加的争端，促成锡兰山（今斯里兰卡）新王即位，通过"颁正朔、封藩王"建立朝贡体系。

在二十八年航海历程中，郑和船队的足迹遍及三十余国，最远抵达东非麻林迪（今肯尼亚），比欧洲大航海时代早近百年。他还通过以军事实力保障和平外交的方式，确立了明朝"万国来朝"的国际地位，同时促成满刺加等国形成自主治理体系。至今东南亚留存的三宝山、三宝井等遗迹，印证着"共享太平之福"的东方智慧，为全球化时代的文明对话提供了历史借鉴。

心得

老子曰："上善若水，水善利万物而不争。"这句话的意思是，最高的善行就像水一样，默默滋养万物，却从不与万物相争。水之所以能够成为至善之物，正是因为其顺应自然、守柔不争的特性。在处理人际关系时，我们也应该借鉴水的这种特性，学会以柔和的态度去面对各种冲突和矛盾，以包容的心态去接纳不同的观点和意见，从而达到"和"的境界。

当然，"和而不争"并非消极懈怠、不思进取，而是指在竞争激烈的环境中，以更高层次的智慧去寻得一种平衡，使得自身与他人都能够从中受益，即共生共赢。

# 智计以直为贵

道以直焉，术以诡焉。

**白话**

大道以正直的道理教育人，引导人们走正义之路。而权术家常常依靠诡计来愚弄世人。

**案例**

## 海瑞：直道与圆融的完美演绎

明朝嘉靖时期，海瑞以他刚正不阿、清廉自律的品性名扬四海。海瑞的首个职位为福建南平教谕，彼时他已然年近四十。某次，延平府御史巡视南平县，按例需至孔庙行香朝典，海瑞偕同两名教谕早早等候于孔庙。

当御史进入孔庙时，两位教谕皆跪地相迎，然而海瑞却选择站立，仅作揖以示敬意。此种场景形成鲜明的对比，两侧的教谕伏地如弓，海瑞则独自挺立，犹如笔架之状，由此，大家便笑称海瑞为"笔架博士"。

御史大人见海瑞如此不守规矩，大为震怒，训斥其不懂礼节。海瑞则保持镇定，回应道："在御史大人的衙门中，自当遵循部属之礼，但此学堂乃教师传道授业之地，无须屈身行礼。"面对如此固执且坚持原则的下属，御史大人虽怒不可遏，却也无可奈何。

然而，御史大人并未就此罢休，他处处设置障碍，为难海瑞。为此，海瑞深感愤怒，遂提交辞呈，欲辞去公职。得知此事的朱衡立即劝诫海瑞：切勿因一时之气而轻率离职，面对小小挫折便负气离去，难以经受磨砺，又如何能实现自己的政治抱负？

此事让海瑞意识到，在风气不正的官场中，仅凭正直与勇气是远远不够的，还需运用智慧以智取胜。

有一次，左副都御史鄢懋卿南下巡盐，沿途的官吏自然不会放过这个攀附的机会，纷纷竭尽所能地接待他。深知官场风气的鄢御史为了展现清廉的形象，特地发布告示："本官生性简朴，不喜铺张。沿途的饮食与住宿，皆应以简朴为主，切勿过于奢华，以免侵扰百姓。"然而，尽管他如此声明，鄢御史的庞大队伍所到之处，仍旧如同狂风扫过一般，令人咋舌。

海瑞得知鄢御史即将抵达他任职的淳安县时，内心焦虑不已。淳安县财政紧张，难以承担如此高昂的接待费用；要是简单接待，又怕被斥责怠慢。思前想后，海瑞计上心头，他马上写了一封信，命人快马送给鄢御史。信中写道："您乃天下廉官的楷模，每到一地皆轻车简从，从不增加地方负担。但近日却有谣言，称您每到一地皆设宴款待，每席耗费三四百两银子，供帐华丽至极，甚至连如厕之物也采用银制。这让我备感困惑，不知真伪，请您明示，以便我做好接待准备。"此信如同一记耳光，打得鄢御史哑口无言，他不得不做出解释，并称赞海瑞几句，然后以公务繁忙为借口绕道而行。

海瑞的事迹在民间广为传颂，"海青天"的美誉流传千古。他在坚守正直之道的同时，能够灵活运用圆融的智慧化解困境、应对挑战。而在运用智慧之时，他始终不忘初心、坚守原则。依靠直中有圆、刚柔并济的处世哲学，他不仅在复杂多变的官场环境中立于不败之地，更为后世留下了宝贵的精神财富，成为后世的道德标杆。

### 心得

做人处世要内直而外圆，内直是原则，外圆是通达。

在中国文化中，直与圆、刚与柔犹如阴阳两极，相互依存，共同演绎着世间的和谐与平衡。正直之道，如巍巍山岳，坚定不移；而圆融之智，则如潺潺流水，顺势而为。两者相辅相成，共同构筑了中华民族独特的处世哲学。

在现实生活中，光靠正直立身是很难的，所以还要兼备圆融。无论是交友、谋职、从商还是管理等各个方面，都要做到内直而外圆，才能无往不利。

# 处事严宽有度

 **原文**

> 大处唯争，小处唯让矣。

**白话**

在重大的原则和立场上，我们必须坚决争取，绝不妥协；而在细枝末节的事情上，则应该懂得退让。

**案例**

## 杨儒坚守底线，拒签辱国条约

杨儒，字子通，号退庵，清朝末年杰出的外交官，曾任驻俄国公使。他的名号儒雅，有谦谦君子之风，为人刚直，在涉及原则的问题上毫不退让。

1901 年，杨儒到任俄国不久，便面临着沙俄对我国东北的严重侵略。沙俄以镇压义和团为借口，不仅占领了东北大片土地，还企图通过外交手段迫使中国承认其在东北的特权。面对这一严峻形势，杨儒没有选择退缩或妥协，而是毅然决然地站在了捍卫国家利益的最前线。

很快，一场艰难的谈判正式开始。在谈判桌前，杨儒面对沙俄的强势与胁迫，始终保持着清醒的头脑和坚定不移的立场。他深知，一旦在沙俄提出的侵占我国东北的条约上签字，便意味着国家的领土完整和民族尊严将遭受严重的践踏。面对俄国人的威胁——"条约文本已由沙皇批准，一字不能改。你若不签字，谈判便无以为继，俄中两国的'友好'也将荡然无存"，杨儒毫不畏惧，他坚决地回应："我宁愿与你们决裂，宁愿承受本国政府的责罚，也绝对不会在这份条约上签字！我绝对不会出卖祖国的权益。"

俄国代表随后试图以虚伪的安慰动摇他，于是假情假意地说道："你们的政府已赋予你权力，若因此产生问题，责任并不在你。你签字，贵国政府若责罚你，我们俄国将为你提供庇护。"杨儒闻言愤怒地反驳："我身为中国的官员，怎会寻求你们的庇护？那将是我莫大的耻辱！我岂会做出这等事？"

因年事已高，杨儒在一次谈判返回的途中不慎在雪地上滑倒，摔成重伤，一病不起。即使在这样的困境下，他依然坚守自己的信念，决不屈服于俄国的压力。

杨儒的坚决态度让沙俄代表感到震惊与无奈，他们试图用各种手段来诱使或逼迫杨儒就范，但都以失败告终。杨儒的坚持不仅赢得了国内民众的广泛赞誉，也在国际上树立了外交官的良好形象。在杨儒的坚持和国民的声援下，清朝政府最终拒绝了沙俄的无理要求，没有在侵占东北的条约上签字。这一胜利不仅维护了国家的领土完整和民族尊严，也极大地提振了国民的爱国热情与自信心。

**· 心得 ·**

所谓"大事难事看担当"，在关乎道德、正义、国家与民族利益的大问题上，我们必须挺身而出，坚守原则，勇于斗争。这不仅是对个人品格的考验，更是社会责任感的重要体现。

而在生活琐事上，我们要谨记"忍一时风平浪静，退一步海阔天空"，不必事事争强好胜，而应懂得适时退让，以和为贵。这种让不是软弱，而是一种智慧的体现，它能化解矛盾，增进友谊，使人际关系更加和谐融洽。

现实的人性是多维的，没有绝对的争，也没有绝对的让，关键在于人所处的环境与场合。根据当下的境遇做出最符合时宜的选择，才是智者所为。

御智第三

# 守弱篇

## 弱小亦有大用

**原文**

名弱者，实大用也。

**白话**

所谓的"弱"，实际上大有用处。

**案例**

### 狄青示弱诱敌

宋仁宗宝元元年（1038），李元昊发动叛乱，自称皇帝，建国号大夏，史称"西夏"。北宋朝廷下诏，任命狄青为三班差使、殿侍兼延州指挥使，前往边疆作战。

狄青刚到边疆担任大将时，手下兵将不足，因此在当地招募民众，组建了一支军队，并取名为"万胜军"。这支军队由于是临时招募的，来不及训练，所以兵法战术、战斗经验、武器装备等都不如狄青的旧部"虎翼军"。尽管如此，每当西夏人来犯，狄青都坚持让万胜军出战，结果每次都不出预料，大败而归。当时西夏人都知道狄青的威名，起初还不敢大意轻敌，但经过接二连三的"得胜"，他们渐渐地不再将狄青的万胜军放在眼里，一见到万胜军就莽撞进攻。直到有一天，狄青突然下令调来虎翼军，并换上万胜军的军旗。当西夏人再次来犯时，西夏士兵像往常一样横冲直撞，而训练有素的虎翼军则严阵以待，等西夏军队阵形一乱就突然发动袭击，这一仗果不其然全歼敌军。

狄青"扮猪吃老虎"的战术首先通过示弱麻痹敌人，使敌人失去戒备，再出奇兵发动突袭，最后将敌人全歼。从此以后，西夏人再也不敢轻易进犯。这个故事告诉我们：弱未必不能取胜，示弱也是一种反败为胜的奇策。

**心得**

《孙子兵法》曰："兵者，诡道也。故能而示之不能，用而示之不用。"

在社会的竞争中，许多人不甘示弱，因而自怨自艾或逞强称能，殊不知弱虽然是缺点，但运用得当，也可以变成优点。示弱策略的核心在于隐藏自己的实力，使对方产生误判，从而诱使其做出错误的决策。

这一策略在现代社会也广泛适用，无论是商业竞争、体育竞技还是企业发展等领域，都可以巧妙运用这一策略，以弱胜强。

# 弱者勿妄称尊

**原文**

弱不称尊，称必害。

**白话**

弱者不能妄自尊大，否则一定会受到损害。

## ·案例·

### 袁术僭号称帝，众叛亲离

东汉末年，天下大乱，诸侯割据，群雄逐鹿。袁术，凭借其"汝南袁氏，四世三公"的出身，在南阳郡吸收了许多士族的力量，成为汉末群雄之一。在各路势力中，袁术虽然名望很高，但实力却并不算顶尖。然而，他却做出了一个令人十分震惊的决定——僭号称帝。

当初袁术的部下孙坚大败董卓杀入洛阳时，无意中在宫内的一口井里发现了丢失已久的传国玉玺。事情传到袁术耳中，袁术便以孙坚的妻子为要挟，逼他交出了玉玺（事载《后汉书·刘焉袁术吕布列传》）。得到玉玺的袁术再也不甘心只做一方霸主，他自认为是名门之后，天子大位有能者当之，便妄自称帝，建号仲氏，分封百官，还筑起皇帝祭祀用的祭坛，迫不及待地向天下宣告自己的帝位。

江东的孙策听说袁术称帝的消息，于是写信责备袁术，并与他断绝关系，从此江东六郡脱离袁术的控制，使袁术兵力大减。袁术还自恃"皇帝"的尊号，要求吕布将女儿送到寿春与袁氏联姻，吕布起初答应了，但听了陈珪的建议后又半途将女儿追回。袁术打算拜金尚为太尉、授予徐璆上公之位，但金尚、徐璆皆不愿接受，后来金尚还暗中谋划逃回朝廷，事败而被袁术杀害。

袁术的肆意妄为致使众叛亲离，最终身边竟无一人可用。后来曹操征伐袁术时，袁术兵败而逃，打算前往灊山投奔他以前的部曲雷薄、陈兰，也遭到拒绝。袁术不得已将帝号让与袁绍，以此换得了袁绍之子袁谭的接纳，于是他转往青州投奔袁谭。然而，曹操派朱灵、刘备拦住了袁术的去路，最终袁术走投无路，在途中呕血而亡。袁术的故事充分说明了弱者不应妄自尊大，否则必受其害。

《道德经》中说："生而不有，为而不恃，功成而弗居。"

成功者尚且要保持谦卑，弱者又怎能不安弱守雌呢？况且尊贵不是自封的，只有实至名归的荣耀才能令人折服。弱者擅自取得的荣耀虽然包装得光鲜亮丽，但背后却暗藏杀机，若没有足够的实力来驾驭，一定会伤害自己。

# 尊奉使人自乱

**原文**

奉强损之，以其自乱也。

**白话**

尊奉强者可以损害他，因为这会让他方寸大乱。

**案例**

## 刘邦与项羽的博弈

秦朝末年，农民起义如潮，刘邦和项羽身为这股浪潮中的两位杰出将领，不可避免地要迎来一场"王见王"的较量。

当初诸侯约定"先入关者王之"，而刘邦趁项羽正在鏖战，无暇他顾，便率先入关。然而，当时刘邦和项羽的实力还有一定差距，若项羽不服而挑起争端，刘邦未必能坐稳王位，因此张良等人提醒刘邦此时不宜高兴太早。于是，刘邦率军队退出咸阳，驻扎在霸上，等项羽到达关中时，才将城池拱手奉上，并以十分谦卑的姿态说道："我和将军您一起起兵反秦，您在黄河以南作战，我在黄河以北作战，我确实没想到我能先攻破关中。秦国富饶，但我觉得我不配占有这些，所以我把秦国宫室、财宝封存起来，专门等着将军您来接手。请您不要听信小人之言，对我兵戎相见。"

项羽听了刘邦的话，觉得十分受用，于是设宴款待刘邦。在宴席上，项羽的谋士范增几次用眼色示意项羽杀掉刘邦，却都被项羽无视。最后范增只好让项庄借口舞剑刺杀刘邦，可没想到刘邦的谋士张良已经想好了对策，让项伯上前舞剑抵挡项庄的攻击。刘邦见势不妙，便趁上厕所的机会逃离军营。而此时项羽还沉浸在胜利的喜悦中，对刘邦丝毫没有放在心上。

项羽这次放走了刘邦，无形中也为自己的末路埋下了伏笔。项羽入关后，杀害了已经投降的秦王子婴，并火烧阿房宫，大火烧了三天三夜才停止。关中父老无一不痛恨项羽，而赞颂当初约法三章的刘邦。最后的结果不出所料，刘邦战胜项羽，开创了大汉王朝。这说明临阵对敌未必以武取胜，"捧杀"也是一种兵不血刃的杀招。

**·心得·**

俗话说："天欲其亡，必令其狂。"弱者对强者的尊奉，有时也能成为以弱胜强的秘密武器。

在现实生活中，弱者尊奉强者不仅是自保的手段，更是制胜图强的策略。以谦卑的姿态尊奉对手，能够极大地满足对手的虚荣心，令其骄傲自满，忘乎所以，从而逐渐走向末路。这种谋略看似无形，实有大效，只要贯彻到底，罕有对手能够相抗。

# 示弱使人失误

示弱愚之，以其自谬焉。

主动示弱可以愚弄对手，因为这会让他自乱阵脚。

**·案例·**

## 裴行俭巧设伏兵

裴行俭是唐朝初年军事家、政治家、书法家，身兼文武两职，功勋卓著。其中最有名的，当属他大破突厥的战役。

唐朝初年，北方的突厥人频频入侵边塞，北方边境不得安宁。皇帝几次派大军去征讨突厥，却都被突厥截断了运送粮食的道路，最终败兵而回。正当朝廷束手无策时，裴行俭站出来说道："以谋制敌可也。"于是朝廷采用裴行俭的计策，谋划以智取胜。

裴行俭命人找来三百辆运粮食的车子，每辆车上藏五个勇猛的士兵，各自拿着锋利的武器，并让军中的老弱病残驾车前进。另外，裴行俭在行军的必经之路上埋伏了数百精兵，以逸待劳。当运送粮食的车子行到半途时，突厥人果然下山来抢劫粮车。他们看到押送粮车的士兵都是老弱病残，心里非常高兴。而运粮的士兵按照裴行俭的计谋，一看到突厥人就扔下粮车逃跑。突厥人抢了粮车就迫不及待地往回运，而当时正好是炎热的夏天，人和牲畜都非常干渴，便前往河边喝水。快要到达河边时，藏在车中的士兵一起发动攻击，这时伏兵也赶到了，几乎把突厥人全部杀死。从此，突厥人再也不敢抢劫粮车了。

裴行俭先示弱迷惑敌人，再趁敌人不备时发动突袭，敌人还没反应过来就已经被歼灭了。这个故事告诉我们：示弱可以使敌人放松戒备，从而产生误判，这时就是克敌制胜的最佳时机。

弱者要战胜强敌，仅凭力量取胜是远远不够的。对于实力悬殊的对手来说，以智取胜是必要的手段；而对弱者来说，最简单有效的策略就是示弱。示弱可以使对方放松警惕，从而促使其自我衰败。

无数的事实证明，弱者示弱并不是自暴其丑，而是在形势判断上迷惑对方，让对方产生错误，埋下隐患。越是恃强而骄的对手越容易中计，因为强敌大多有过于自信的心理，对此常常疏于防范。

# 智者不显其智

智不代力，贤者不显其智。

## 白 话

智谋并不代表实力，贤明的人不会轻易显露他的智谋。

## 隰斯弥藏拙免祸

春秋战国时期，齐国有一位智者名叫隰斯弥，是当时的权臣田成子的朋友。而田成子就是"田氏代齐"事件的始作俑者。田成子觊觎国君之位已久，欲将齐国大权全部揽于自己手中。为此，他还修建了一座高耸入云的阁楼，时常登上高楼眺望全城，以满足自己对权力的渴望。

有一次，隰斯弥拜见田成子，田成子邀请他一起登高望远。只见三面都没有遮蔽，唯独南面被隰斯弥家的树挡住了视线。田成子只是停顿了一下，并没有多说什么，而此时隰斯弥已经明白了田成子心中所想。田成子想要占有整个齐国，却被隰斯弥家的树挡住视线，这对隰斯弥十分不利。于是隰斯弥赶紧回家，命人将树砍倒，可是仆人刚砍了几下，又被隰斯弥制止。隰斯弥说道："古代有句谚语'察见渊鱼者不祥'，田成子意在整个齐国，而我却看穿了他的心思，被他发现我就危险了。如果装作不知道，或许还没有罪过。"因此，他放弃了砍树。

果不其然，后来田成子发动政变，弑君立储，又诛杀了其他的权臣贵族，独揽齐国大权。在这场暴动中，隰斯弥因为当初藏拙而没有被田成子记在心上，逃过了一劫。

隰斯弥的故事告诉我们：聪明并不足以安身，而愚笨却可以。必要时藏拙也是一种高明的智慧。

·心得·

对于聪明的人，人们或许尊敬他，但未必不会加害他。特别是在有心人眼里，过度显露智谋往往会给自己带来杀身之祸。越聪明的人越容易招人嫉恨。真正的智者从不轻易显露自己的智谋，因为他们知道社会是复杂的，在自己不能把控的环境中，守拙才是真正的智慧。

看破不说破，知事不言事，知人不评人，知理不辩理，这样才能保证长久的安稳。

# 弱者勿掩其弱

**原文**

弱须待时，明者毋掩其弱。

**白话**

弱者必须静待时机，明智的人不会掩盖他的弱势。

**案例**

## 姜尚垂钓待时

姜尚是商末周初时期杰出的政治家和军事家。他有经天纬地之才，却因家道中落，曾在棘津做过小贩、在朝歌做过屠夫，也曾是商朝贵族子良的家臣，但由于不擅长侍奉权贵而遭到驱逐。到了晚年，姜尚仍旧贫穷落魄，一事无成。在世人眼里，他是个愚钝且失败的老头。后来，姜尚垂钓于渭水之滨，以此磨砺了自己的意志。他深入研究兵法、治国之道，过着贫贱而不坠青云之志的生活。

当时周文王正在四处寻访贤人，在渭水边遇到了姜尚。文王很是重视，遂与姜尚进行了深入的交谈。两人一见如故，相谈甚欢。文王随即拜姜尚为太师，共商灭商大计。姜尚辅佐文王，对内发展生产，增强国力；对外实行联纵抗敌的策略，削弱了商朝的力量。待时机成熟，他亲率大军，与武王一同伐纣，最终推翻了商朝的暴政，建立了周朝。

姜尚的成功之道在于能够静待时机，不急于求成。他不断积累知识、磨砺意志，为日后的辅政做好了充分的准备。当机会来临时，他能够迅速抓住，并以深厚的学识和卓越的才能引领周朝走向繁荣。

姜尚辅佐周武王灭商建周，不仅实现了自己的政治抱负，还为后世留下了宝贵的治国理念和军事策略，其著作有《太公兵法》《太公金匮》等，虽均已失传，但他的名字和事迹被后世传颂不衰。

### 心得

俗话说："识时务者为俊杰。"在势孤力微的情况下，弱者确实不宜轻举妄动。因为成功的原因是多方面的，除了自身的能力条件之外，还需要具备天时、地利、人和等外在条件。当缺少某个必要的因素时，即使能力再出众也无济于事。因此，弱者在时机不当时不宜轻易出手，而应韬光养晦，积蓄力量，以便在时机成熟时逆风翻盘。

# 易见之利非利

**原文**

众见其利者，非利也。

**白话**

众人都能轻易看到的利益，就不再是利益了。

**案例**

## 蜀侯贪金失国

春秋战国时期，蜀国因其富庶而成为其他诸侯觊觎的对象。秦惠王为了吞并蜀国，想出了一个巧妙的计谋。他命人雕刻了一头大石牛，并在石牛屁股里放置大量黄金，然后散布消息说这是一头会拉金子的神牛。蜀侯听到这个消息后贪念大起，不顾众臣反对，决定派人修路以迎接这头神牛。然而，这正中秦惠王的下怀。等蜀国把路修好了，秦国的大军便顺着这条新修的路长驱直入，一举吞并了蜀国。蜀侯因贪图小利而失去了整个国家，自己也落得个身败名裂的下场。

蜀侯面对秦王的利诱未能权衡利弊，忽视了潜在的危险。他如果能够深思熟虑，或许能够意识到秦国的诡计。在面对诱惑时，保持清醒的头脑，审慎评估每一个决策的长远影响，是避免灾难的关键。

蜀侯贪金失国的悲剧为我们敲响了警钟。在面对那些显而易见的利益时，我们应保持清醒的头脑。贪婪往往会使人迷失心智，丧失判断力，从而做出错误的决策。真正的智者懂得以长远的眼光衡量得失，避免因一时的短视而付出沉重的代价。

**·心得·**

老子曰："天下皆知美之为美，斯恶已。"老子认为，如果天下人都知道美好的事物是美好的，那么丑陋就显现出来了。同样，在人们竞相追逐的利益面前，竞争之激烈可想而知。而此等激烈的竞争，不仅增加了成功的难度，更可能使人们在竞争过程中伤痕累累，那么利益也将不复存在。

在现代的商业竞争中，有些显而易见的利益是对手精心设计的陷阱，人们一旦追逐，便会使自身受损。因此，有智慧的人不盲目从众，懂得避开众人视线所及之处，以独特的视角审视世界，寻找那些被忽视却潜力巨大的机会。

# 智者进退有节

事变非智勿晓，事本非止勿存。

没有智慧就无法洞察事物的变化，在事物的本质上不适可而止就难以长存。

## 案例

### 张衡的痴迷与淡泊

张衡精通天文历算，曾改进浑天仪，发明地动仪、指南车等精妙仪器；发现日食及月食的原因，绘制记录两千五百颗星体的星图，提出"宇之表无极，宙之端无穷"的观点；数学著作有《算罔论》；文学作品以《二京赋》《归田赋》等为代表，与司马相如、扬雄、班固并称"汉赋四大家"。张衡虽多次应召入京，任郎中、尚书侍郎等职，但他不愿深陷官场纷争，数次辞去职务，专心做学问。大将军邓骘欣赏张衡的才华，多次征召他，张衡都不应命。

张衡在科技领域取得了卓越的成就，同时在仕途上也保持着高洁的品格。《归田赋》是张衡创作的一篇抒情小赋。当时，张衡任河间相，向朝廷自请退职。他深感阉竖当道，朝政日非，豪强肆虐，纲纪全失，自己既无法等到社会清明之时，又没有报国之路，不如远远离开污浊的社会，以归隐田园的实际行动表达对黑暗政治的不满。

张衡的科学发明不仅在当时具有划时代的意义，而且对后世的科技发展产生了深远的影响。同时，他淡泊名利、追求真理的精神，也被后世学者与文人争相效仿。他在复杂多变的政治环境中以适可而止的智慧保全自己，同时也留给后世宝贵的科学遗产与文学佳作。

**心得**

拥有智慧的人能够敏锐地捕捉到变化的苗头，提前做出应对措施；而缺乏智慧之人往往后知后觉，甚至被变化所吞噬。本来世事是无常的，人有得意的时候，也有受辱的时候，用不着太失落和绝望。

智慧的高低往往表现在对变化的洞察上。而变化的规律往往隐藏在表象之下，需要我们有足够的定力和耐心去探寻本质。本质即万事万物的内在规律，遵道循德，顺应事理变化，这是智慧的体现。明白自己应该在什么地方停下来，明白做人做事的道理，到了边界就要停止，不能超越，如此方能长久存在和发展。

# 贤者不拘虚名

**原文**

智者不以言能，贤者不以名重。

**白话**

真正的智者并不以言辞的华丽或能言善辩为能，真正的贤者并不以名声的显赫或地位的崇高为重。

**案例**

## 韩信请王

公元前203年，正值刘邦与项羽争霸的紧要关头，韩信以雷霆之势收复了混乱的三齐之地。随后，他向刘邦呈上一封书信，言明齐国局势不稳，百姓心意难测。鉴于此，他恳请刘邦册封他为代理齐王，以稳定这一地区的局势。

当时，刘邦正深陷项羽军队的围困之中，于荥泽之地焦急等待韩信的援军。然而，他等来的并非期盼中的援军，而是韩信的信件。刘邦览信后勃然大怒，拍案而起，厉声斥责："我身陷图圄，日夜期盼你来救援，你却置我于不顾，竟欲自立为王！"

然而，在张良和陈平机智的提醒下，刘邦迅速冷静下来，转而改口道："大丈夫平定诸侯，自当成为真正的王者，何须假借他人之名？速速铸印，立韩信为齐王！"

刘邦派张良抵达齐国，正式封韩信为齐王。自此，韩信虽然在军权上还受刘邦调遣，但身份已经是跟刘邦平起平坐的诸侯王了。不同的是，刘邦是诸侯盟主，韩信只是诸侯之一。以韩信的功劳，项羽早就多次派人游说他自立为王，与项羽、刘邦三分天下。韩信念及刘邦的知遇之恩，向他要个齐王也不算过分。可韩信选的时机不对，刘邦深陷危机，对韩信的援助翘首以盼，却等来了韩信封王的请求，这无疑使刘邦心中备感不悦。可以说，自那时起，刘邦对韩信就产生了杀心。然而，刘邦乃胸怀大略之人，他知道以他的能力是打不过项羽的，若不满足韩信的要求，一旦韩信倒戈相向，与项羽联手或自立门户，汉军的前途将岌岌可危。因此，刘邦冷静下来，明白此刻并非争论对错的时候，唯有沉默妥协才是明智之举。

刘邦以迅捷而明智的决策稳定了局面，确保韩信继续为他所用，最终战胜了项羽，奠定了汉家江山的基石。然而，尽管韩信一度风光无限，却终究未能挣脱刘邦的精心布局。汉朝初立，刘邦便巧妙地收回了韩信的兵权，并赐予他楚王的封号。然而，仅过一年，刘邦便以谋反之名，将楚王韩信贬为淮阴侯，更将其软禁于长安，彻底将这位昔日名将置于自己的掌控之下。

这个故事告诉我们：对别人无理的要求忍气吞声并非懦弱，真正的智者从不在争辩中彰显自己的能力，只有懂得变通，从实际利益出发，才能立于不败之地。

卡耐基说："在争论中获胜的唯一方式，就是避免争论。"

在工作、生活中，我们经常遇到一些人，他们热衷于挑起争论，并在言辞上碾压他人，始终保持一种不服输的姿态，自以为聪明非凡。然而，聪明与智慧并非同一概念，聪明的人未必就是智者。智者的智慧源自其敏锐的觉察力和超脱的境界。

争论往往只能分出名义上的输赢，而贤明的智者所追求的并不是这样的虚名，他们更倾向于以务实取代口舌之争。

# 图谋不可过远

**原文**

智不及而谋大者毁，智无歇而谋远者逆。

**白话**

智慧不足却企图谋划大事的人最终会失败，玩弄智计不知适可而止却谋求长远利益的人难以如愿。

## 隋炀帝的运河梦

隋炀帝杨广主持修建了举世闻名的京杭大运河，这一工程无疑是巨大的成就，促进了南北经济、文化的交流。然而，隋炀帝在追求这一伟大事业的同时，却忽略了国力与民力的极限。

隋炀帝为了修建大运河，动用了大量的人力、物力和财力。他急于求成，过度征发徭役，导致百姓负担沉重，民不聊生，社会矛盾日益激化。同时，他在对外征战上也耗费了大量国力，加剧了国家的财政危机。这一系列决策显示了他智谋上的不足和对现实条件的忽视。

隋炀帝的故事警示我们：在追求伟大事业的同时，必须量力而行，兼顾民生。任何宏大的计划都应以国家的实际情况和人民的利益为出发点。领导者应当具备深邃的智慧和长远的眼光，既要看到眼前的利益，更要考虑到未来的发展和后果。

隋朝因为隋炀帝的失策而迅速灭亡，这一历史教训深刻而沉重。它告诉我们：智慧与勇气、雄心与务实必须相互平衡。在追求梦想和目标的道路上，我们不能被一时的狂热和激情所蒙蔽，而应当时刻保持清醒的头脑和审慎的态度。只有这样，我们才能在复杂多变的环境中稳步前行，最终实现自己的理想和抱负。

· 心得 ·

《大学》有言："知止而后有定。"意思是说，知道应该达到的境界才能够使自己志向坚定。

智慧与能力决定了我们行动的范围与深度。一个人若自视过高，仅凭一腔热血与不切实际的幻想去规划宏大的蓝图，最终只会因为能力不足而陷入困境，甚至招致毁灭。同样，有的人即便拥有非凡的智慧，若不顾现实条件，盲目追求过于遥远的目标，也会因为违背自然规律和社会法则而遭遇逆境。

真正的智者懂得审时度势，既不高估自己，也不低估环境。他们明白，每一步的成功都要建立在坚实的基础上，每一次的跨越都要量力而行。在智慧与能力的双轮驱动下，他们稳步前行，既不失雄心壮志，也不忘脚踏实地。

# 知止方为大智

**原文**

大智知止，小智惟谋。智有穷而道无尽哉。

**白话**

有大智慧之人懂得适可而止，有小聪明之人只会不断谋划。智谋有用完的时候，而天道却是永无止境的。

## 唐宣宗李忱：装傻成器

李忱出身卑微，其母郑氏曾是节度使李锜的小妾，后因李锜叛乱，郑氏被纳入宫廷为侍女。唐宪宗李纯看上了貌美如花的郑氏。郑氏得宠后生下李忱。李忱自小在复杂的宫廷环境中成长，深知自己出身低微，若想生存并有所作为，必须隐忍。

在激烈的宫廷斗争中，李忱出人意料地选择装傻。他沉默寡言、目光呆滞，以至于宫中上下皆认为他痴呆不足惧。在唐宪宗之后，历经穆宗、敬宗、文宗、武宗四朝，李忱始终保持着低调的姿态，即便在宴会上被戏弄，他也能够自如应对，不露破绽。甚至有一次，他被囚禁，差点丧命，也凭借装傻成功逃脱。

会昌六年（846），唐武宗病危，朝中的权臣和宦官认为李忱容易控制，便拥立他为皇太叔。后来唐武宗暴毙，李忱继承帝位。即位后的李忱一改往日的痴呆形象，展现出非凡的政治才能和治国智慧，迅速稳定朝局。

李忱自小就懂得在纷乱的局势中通过装傻来降低存在感，同时暗中观察学习，积累经验与智慧。待时机成熟时，他又能做到当仁不让，以雷霆之势改变局势，实现逆袭。

李忱在逆境中默默成长，最终逆袭成为皇帝，开创了"大中之治"的盛世局面。他的故事告诉我们：真正的智慧在于懂进退。他的经历不仅是个人智慧与勇气的表现，更是对后世之人在复杂环境中生存与发展的深刻启示。

**·心得·**

人生如棋，命运就是棋盘，何时该进，何时该止，考验着人们的智慧，结局如何往往难以预料。那些急于求胜的新手一味依赖计谋，却往往因贪多嚼不烂而陷入死局。

老子有言："知止不殆。"无数英雄豪杰以智谋著称，但最终人算不如天算，当智谋受限时，他们往往会发现自己已经陷入困境，无法自拔。因此，真正的智者懂得在适当的时候停下脚步，规划未来。

在现实生活中也是一样，那些只知道投机取巧、钻营算计的人只是暂时看起来风光，当算盘打尽时，吃亏的还是自己；而懂得收敛锋芒、韬光养晦的人，才是最后的赢家。这就是小聪明和大智慧的区别。

# 情理篇

## 万物情理相通

物有异也，理自通焉。

白话

世间万物虽然表现各异，但其内在的道理却是相通的。

**·案例·**

### 庖丁解牛与庄子的哲思

战国时期，庄子曾目睹庖丁为文惠君宰牛的场景。庖丁全神贯注，聚集全身力量，挥动牛刀，动作流畅，轻盈而灵活。他将刀锋刺入牛身，皮肉与筋骨分离。这个场景仿佛随着商汤时期的乐曲《桑林》起舞，而解牛时发出的声响与尧时代的《经首》乐章完美契合，令人赞叹不已。文惠君站在一旁，看得入迷。他不禁高声赞叹："啊，真是令人钦佩！你宰牛的技艺为何如此精湛？"庖丁放下手中的屠刀，向文惠君解释道："我追求的是对事物规律的深刻理解。初学宰牛时，我只见牛之庞大，却不懂其内在的结构。然而经过三年的不断实践，我对牛的构造了如指掌。如今，我宰牛时全凭心灵去感应牛的存在，无须再用眼睛去观察。这把刀跟随我已有十九年，我用它宰杀的牛不计其数，但刀锋依旧锋利如新。"

庖丁解牛的故事体现了庄子顺应自然的哲学思想。庖丁在解牛时并非仅凭肉眼观察牛的骨骼结构，而是经过长期实践，做到心手相应，顺应牛的身体结构进行切割。同样的道理，我们所谓"智慧"并非足智多谋，而是契于大道、合乎常理，只有加深对自身以及整个世界的理解，才能达到这样的境界。

庖丁因其精湛的解牛技艺而名扬四海，他更希望通过自己的实践来揭示做人做事都要顺应自然规律的道理。道家哲学强调，人应当顺应自然的规律与节奏生活，以达到身心的和谐与平衡。

### 心得

《道德经》有云："万物之始，大道至简，衍化至繁。"天地之间，万物纷纭，无论是浩瀚宇宙中的星辰运行，还是微观世界中的粒子碰撞，都遵循着既定的法则与逻辑。同样，面对生活中的各种挑战与困境，我们应当认识到，尽管问题的表现形式和解决方法各异，它们背后的原理、逻辑却往往可以相互借鉴和学习。

在医学领域，尽管不同疾病的治疗手段千差万别，其核心理念却往往相通；在文艺领域，无论是绘画、音乐、舞蹈，还是文学创作，尽管各种艺术形式的表现手法不尽相同，它们都致力于情感的表达和审美的共鸣；在企业管理中，尽管不同公司和行业面临的问题和挑战各不相同，其管理的核心理念却往往相通……因此，无论我们处于何种领域，都应学会透过现象看本质，把握其中的普遍性规律。

# 智为自然之道

**原文**

大智无诈，顺乎天也。

**白话**

真正的大智慧不是尔虞我诈，而是顺应天道自然。

**案例**

## 晏殊诚实应考

晏殊是北宋著名文学家、政治家。他自幼聪慧过人，勤奋好学，尤其以诚实正直的品质闻名乡里。十四岁时，因才华出众，晏殊被地方官以"神童"推荐参加朝廷的科举考试。宋真宗帝召见了晏殊，并要他与一千多名举人同时参加殿试。

在殿试之时，晏殊拿到考题后发现这道题自己曾私下里做过，而且还得到过名师的指点。按照常理，这对于其他考生来说或许是求之不得的"幸运"，可晏殊却认为这有违考试公平公正的原则，于是，他毫不犹豫地向宋真宗如实禀报。宋真宗对晏殊的诚实品质大为赞赏，当即为他重新出题。晏殊在新的考试中，凭借扎实的学识，文思泉涌，一挥而就。宋真宗对晏殊的试卷非常欣赏，而晏殊也理所当然地金榜题名。

此后，晏殊凭借自身的才华与真诚的为人之道，为朝廷出谋划策，深受皇帝的信任与倚重。在与同僚相处时，晏殊同样秉持真诚的原则，不搞阴谋诡计，不虚与委蛇，因此赢得了众多大臣的敬重与支持。他所倡导的文风也影响了当时的文坛，为北宋文学的繁荣发展做出了重要贡献。晏殊的经历充分表明，真诚不仅是一种高尚的品德，更是能够助力个人在人生道路上取得成功、赢得尊重与信任的关键因素。

孟子曰："诚者，天之道也；思诚者，人之道也。"孟子认为，真诚做人、真心做事是顺应天道、合乎人性的最佳选择，也是为人处世的根本原则。在对自然和社会深刻理解的基础上，人们应当以真诚应对生活中的种种挑战，这是确保成功、避免困厄的根本之道。

真正的智慧不在于运用欺诈手段谋取一时之利，而在于对真诚的坚守。它超越了小聪明和小伎俩，是一种洞察事物本质、把握发展规律的能力。有时尽管欺诈能带来短暂的利益，但长远来看，它必将破坏信任，导致关系破裂而孤立无援。相反，那些以诚为本、真诚待人的人能够赢得他人的尊重和信任，为自己铺设一条宽广而稳固的人生之路。

# 智非狡诈失德

**小智无德，背乎情也。**

白 话

只会耍小聪明却缺乏德行，有违立身处世的情理。

# 宋之问：才华背后的道德缺失

唐代诗人宋之问以其卓越的文学才华与沈佺期并称"沈宋"，在唐代诗坛享有盛誉。他与陈子昂、司马承祯、李白等合称"仙宗十友"，显示了他在文学界的地位。

宋之问在武则天时期，为了能仕途顺畅，便谄事张氏兄弟。他不仅为张易之、张昌宗兄弟代笔应诏和诗，还参与编纂宫廷宴会诗集《三教珠英》。更甚者，宋之问为了将外甥刘希夷的名句"年年岁岁花相似，岁岁年年人不同"据为己有，竟命令家奴用土袋将刘希夷活活压死。这一行为不仅违背了人伦道德，也让他背上了"因诗杀亲"的恶名。

武则天病重时，宋之问作为张氏兄弟的党羽被贬为泷州参军。他偷逃回洛阳后，被好友张仲之收留。然而，宋之问却告发了张仲之密谋杀害武三思的计划，导致张仲之全家被杀。宋之问因此依附武三思得以提拔为鸿胪主簿。

在唐代，文人不仅以诗文传世，更以品德立身。像杜甫、白居易等大家，他们的作品之所以能够流传千古，不仅因为其文学价值，更因为作品中所体现的高尚情操和道德追求。宋之问若能以德为先，或许能够成为文人中的典范，而非后世唾弃的对象。

唐睿宗复位后，由于宋之问曾经依附二张及武三思，唐睿宗下诏将他流放。唐玄宗李隆基即位后，宋之问在流放地桂州被赐死。宋之问的道德缺失最终导致了他的灭亡。他的故事警示后人：即使拥有过人的才华，若缺乏德行，最终也难以长久，只有德才兼备，才能在社会中获得长久的成功和尊重。

子曰："德不孤，必有邻。"在孔子看来，只要真是道德君子，即便在短时间内没有志同道合的伙伴，时间长了，总会有同样性情和抱负的人过来与他亲近。孔子指的不仅仅是一种人生经验，更是一种社会生活的规律。反之，那些看似聪明却缺乏德行的人巧舌如簧，表面友善却行为冷酷，为了私利而钻营算计，不惜伤害他人。他们凭借小智谋、小聪明或许能获得短暂的利益，但最终会因为德行不足而失去人心，导致信任丧失，人际关系破裂而孤立无援。

从表面上看，这是胜败得失的问题；从本质上看，这是违背了为人处世的根本情理而导致的人生困局。想破局，唯有修德。

# 对敌明予暗取

敌者，予之可制也。

**白话**

面对敌人，可以通过给予的方式战胜他们。

# 汉武帝的推恩令

西汉初期，诸侯王势力强大，对中央集权构成了严重的威胁。汉武帝想要削弱诸侯王的实力，为了避免直接冲突带来的内乱，采取了"推恩令"这一高明的策略。

推恩令并非直接剥夺诸侯王的土地或权力，而是要求诸侯王除了嫡长子继承王位外，其他子嗣也可以分割王国的一部分土地成为列侯。这一政策表面上看是对各诸侯王子嗣的恩赐，实则巧妙地削弱了他们的力量。随着侯国的数量增多，每个侯国的领地和实力都大为减弱，难以再对中央构成威胁。

面对强大的对手或潜在威胁时，我们应善于运用智慧和策略，而非仅仅依靠武力和强权；洞察对手的需求和欲望，创造看似有利可图但实际上能削弱其实力的条件，从而不动声色地达到制衡和控制的目的。

汉武帝的推恩令成功削弱了诸侯王的实力，加强了中央集权，为西汉的繁荣稳定奠定了坚实的基础。这一策略不仅展现了汉武帝的智慧与远见，也为后世提供了宝贵的经验与启示。

**心得**

《孙子兵法》曰："兵者，诡道也。"表面上的给予可能是一种无形的索取。

面对敌人或复杂的局势，直接对抗并非最佳策略。相反，巧妙的让步与给予可以麻痹敌人的意志，或引导其步入陷阱，甚至使其内部产生矛盾，从而达到控制局面的目的。这种策略不仅体现了深远的战略眼光，也彰显了高超的战术技巧。

在日常生活与工作中，同样需要此种智慧。面对竞争对手或困难的挑战，我们不应一味地硬拼，而应学会审时度势，灵活运用资源，通过给予对方相应利益或条件换取自身更大的优势和主动权。这样不仅能减少无谓的损耗，还能在关键时刻扭转乾坤，实现自己的目标。

御心第四

# 制欲篇

## 心坚方可制欲

**原文**

欲无止也，其心堪制。

**白话**

欲望永无止境，只有内心坚定，才能抑制欲望。

**案例**

### 曾国藩修身制欲

身处俗世，每个人都会遭遇欲望与理智的拉锯战，即便是以"克己复礼"著称的曾国藩，也未能免俗。在曾国藩所处的时代，大臣们通常妻妾成群，而曾国藩除了原配夫人外，仅在晚年纳了一名小妾。他在欲望与自制之间经历了深刻的内心冲突。他渴望与家人共度更多时光，同时又忧虑这会分散他投身学术研究的精力和时间。为了调和这种冲突，曾国藩选择与家人保持适度的距离。尽管如此，他内心深处仍不时涌起对他人家庭幸福的羡慕之情，特别是在与同僚交往时，他目睹同僚们在娇妻美妾的陪伴下享受幸福，这进一步激发了他内心的渴望。

为了缓解内心的苦楚并控制自己的欲望，曾国藩采取了一种简单而直接的方法——撰写日记。他将内心的欲望与挣扎悉数记录于日记之中，以此提醒自己要懂得修身养性，维持心灵的宁静。每当欲望浮现心头，他便在日记里告诫自己要保持节制。

经过不懈的努力与自我修炼，曾国藩不仅在仕途上取得了辉煌的成就，更在文学、军事等多个领域留下了深刻的印记。曾国藩的一生，是不断自我完善与奋斗的一生。他以身作则，严于律己，宽以待人，值得后人敬仰。

### 心得

人生路漫漫，欲望如影随形。欲望既可以是激励人们前行的力量，也可能是使人们失去方向的迷雾。自古至今，无数英雄豪杰因欲望而崛起，亦因欲望而陨落。他们或许追求权势，或许渴望财富，或许沉醉于美色，但往往因欲望的无限膨胀而丧失自我，甚至走向毁灭。

面对无尽的欲望，只有保持内心的清明与坚定，才能避免被其束缚，达到真正自由与超然的状态。聪慧的人懂得如何在欲望的海洋中航行，他们知道何时该扬帆远航，何时该收帆停泊。他们的欲望在智慧的引导和道德的约束下，转化为推动人类文明前行的正能量。

# 践行才能解惑

**原** **文**

惑无尽也，其行乃解。

**白** **话**

疑惑没有尽头，唯有行动才能消除疑惑。

**案例**

## 徐霞客：三十载云和路

徐霞客是明代著名的地理学家、旅行家和文学家。他自幼便对大自然充满好奇，渴望探索未知的世界。他游历考察三十多年，先后进行了四次长距离的跋涉，足迹遍及大半个中国。尤其是晚明局势动荡，盗贼蜂起，徐霞客在路上曾多次遭遇强盗，他出生入死，尝尽了旅途的艰辛。可无论如何，他始终保持着对自然的敬畏和热爱，每到一处都详细考察地形地貌、水文气候等自然现象，并将其记录下来。

徐霞客的成功在于他敢于挑战未知，勇于实践。他没有被前人的知识和观点束缚，而是选择亲自去验证和发现。他的行动不仅解答了自己心中关于大自然的疑惑，更为后人留下了宝贵的地理资料和思想财富。

徐霞客以坚定的信念和不懈的努力，最终完成了《徐霞客游记》这部举世闻名的地理著作。他因此成为中国地理学的奠基人之一。他的事迹和作品激励着一代又一代人勇敢地探索未知、追求真理。

心得

　　人们心中充满各种疑惑，这是人类认知过程中的自然现象，也是助推思想进步的重要动力。疑惑不会自行消散，人们若不亲身实践、勇于探索，就无法找到正确的答案。那些在疑惑面前停滞不前、畏缩不前的人，并未展现出真正的智慧。在是非不明的情况下，任何观点都可能存在偏颇。

　　尽管实践可能会犯错，但畏惧实践所带来的停滞不前才是更大的错误。"止"的真谛在于停止错误，而不是停止人们为消除疑惑而付出的实际行动。

# 名誉不可强求

原文

　　誉非予莫取，取之非誉也。

白话

　　好的名誉不是被赋予的，就不要强取。强取而来的并不是真正的名誉。

案例

### 尹嘉铨的请谥悲剧

　　尹嘉铨是清代著名学者，曾任刑部主事、大理寺正卿等职，为官清廉，学术造诣深厚。他致力于儒家经典的研究与推广，尤其是对朱熹《小学》的阐释深得乾隆皇帝的赞赏。然而，晚年的尹嘉铨却因贪求虚名，走上了不归路。

乾隆四十六年（1781），乾隆皇帝巡幸保定，已退休在家的尹嘉铨出于对父亲的深厚感情，希望通过为父请谥及从祀孔庙来彰显父德，光耀门楣。然而，他忽视了请谥的严肃性与国家典制的规定，贸然上奏，结果遭到了乾隆皇帝的严厉批评。乾隆皇帝明确指出，谥号乃国家定典，不可妄求，并警告尹嘉铨要安分守己。

然而，尹嘉铨并未领会乾隆皇帝的用意，反而追加奏章，坚持请谥，最终触怒了乾隆皇帝。乾隆皇帝怒斥其"大肆狂吠"，下令除去其顶戴，锁交刑部审讯，结果从其著述中牵连出"文字狱"。尹嘉铨被定为死罪，家产被抄，著述被毁，其撰写的碑文被磨，晚节不保。

尹嘉铨是当时颇有名望的道学家，他渴望通过自己的才学和影响力来获得更高的地位和权力，却忽视了政治斗争的残酷性和复杂性。如果尹嘉铨能够更加审慎地对待自己的欲望，他或许会继续潜心研究学问，以学术成就来满足自己的精神追求，而不是在虚名的诱惑中越陷越深。他的著作或许会更加丰富，他的思想或许会更加深远，而他的名字或许会以另一种方式被后人铭记。

尹嘉铨为父请谥，不仅让他失去了晚年的安宁与尊严，更让他一生的学术成就与为官清廉的形象蒙上了阴影。尹嘉铨的故事警示我们：在追求名誉的过程中，必须保持谦逊与理智；应该清醒地认识到，当个人的真实贡献与高尚品德积累到一定程度时，自然而然可以获得名誉。

世人热衷于追求名誉，然而名誉并非唾手可得，更不能通过自我标榜实现。它根植于他人的认同，是品行与能力长期积累的结果。名誉更不是外在的标签或符号，而是内在价值的外化。它不取决于我们如何获得，而在于我们为何而获得。

过分追求名誉甚至不择手段去索取时，通常只能得到短暂的虚名。只有当我们以高尚的品德、卓越的才能和无私的奉献去赢得他人的信赖与赞赏时，名誉才会自然而然地降临到我们身上。

当我们为了争名而争名、为了逐利而逐利时，得到的只会是虚无。相反，如果我们以真诚、善良和正直去行事，即便不能声名显赫，也能赢得内心的平静与满足。

# 功业不争自得

## 原文

功不争乃获，获之则功也。

## 白话

功业是在不与人争、默默奉献后自然获得的，这样得到的才是真正的功业。

## 案例

### 张之洞的"善争"与"不争"

晚清重臣张之洞自幼才华横溢，科举考试中虽得探花，但并未因此满足。他内心怀揣着"平生不做第二人选"的壮志，这种强烈的竞争意识驱使他不断追求卓越，成为洋务运动的中坚力量。他兴办实业、改革教育、推动军事现代化，一系列举措展现了他自强不息、不甘落后的精神风貌。

然而，张之洞深知，仅有善争之心尚不足以保证事业成功与人生圆满。因此，他提出了"三不争"的原则：一不与俗人争利，保持清廉本色；二不与文士争名，专注于实际贡献；三不与无谓人争气，保持内心的平和与宁静。这"三不争"成为他人生哲学的重要组成部分，使他能够在纷繁复杂的官场中保持清醒的头脑和高尚的品德。

张之洞的成功之道，在于他能够巧妙地平衡善争与不争的关系。在事业上，他勇于竞争、敢于创新；在品德上，他保持谦逊、淡泊名利。他用自己的实际行动证明真正的强者不仅要有敢于挑战的勇气和决心，更要有不为世俗所累、坚守内心信念的定力和智慧，成为后世学习和敬仰的楷模。

张之洞的一生，是善争与不争交织的一生。他善争，因此在历史的长河中留下了深刻的印记；他不争，因此人格魅力得到了升华和传承。他的故事告诉我们：在人生的旅途中，只有善于把握争与不争的尺度，才能在激烈的竞争中脱颖而出，同时保持内心的纯净与高尚。

### 心得

现代社会强调竞争，无论是企业间的竞争还是个人间的竞争，都在强调"争"的重要性。"天之道，不争而善胜。""夫唯不争，故天下莫能与之争。"这些出自《道德经》中的话语引人深思，它们崇尚"不争"，但又点明了制胜的关键。

老子所说的"不争"，并非消极地放任自流，而是不执着于短暂的胜负，专注于长期的积累与成长。智者在众人厌弃的地方勤勉耕耘，用汗水与智慧培育成功的种子。当机遇到来时，他们便能自然而然地收获成果，这便是"不争之争"的智慧所在。

争与不争实为道的两面，如同阴阳、昼夜的转换。一方面得到满足后，自然会转化为另一方面，这便是阴阳变化、祸福相倚的法则，世间万物皆遵循此道。因此，若想在竞争中取胜，我们要学会"不争"。

# 时刻保持谦恭

**原文**

贵者宜谦不宜傲，卑者宜恭不宜放。

**白话**

地位高贵的人应当保持谦逊，而非傲慢；地位卑微的人应当保持恭顺，而非狂放。

## 陆逊：谦逊传美名

陆逊是三国时期东吴的名将，自幼便展现出过人的智慧与谋略。他出身名门，却从不以此自傲，而是以谦逊的态度不断学习，提升自我。在军事上，陆逊多次立下赫赫战功，展现了卓越的军事才能。即便是在耀眼的光芒下，陆逊也未曾骄傲自满，而是更加谨慎行事，对待同僚与下属总是谦逊有礼，深受将士们的敬爱。

夷陵之战时，孙权亲自提拔年轻的陆逊为大都督。当时，军中的将领或为名高望重的老将，或为宗室贵戚，他们对陆逊常有轻慢之意，对陆逊的管教和约束也不放在心上。然而，陆逊毫不生气，耐心地劝诫诸位将领不可再犯。陆逊说："我虽然是个书生，但也接受了主上的任命。国家之所以委屈各位来听从我的指挥，是认为我还有一些长处，能够忍受这样的屈辱并承担重任。"这句话便是成语"忍辱负重"的出处。在夷陵之战中，陆逊亲自布计，以谦卑之态向刘备示弱，进而诱敌深入，火烧连营七百里。众将领纷纷对陆逊刮目相看。

陆逊追随孙权四十余年，其间掌管军政事务超过二十年，他既担任过将领也担任过宰相，被誉为"社稷之臣"。孙权甚至将他与商朝的伊尹和周朝的姜尚相提并论。然而，陆逊从不夸耀自己的成就，更不会因短暂的胜利而失去理智。在权力的斗争中，陆逊总能凭借自己的智慧与谦逊化解冲突，维护东吴的稳定。

陆逊之所以能够成为东吴的栋梁之材，不仅因为他卓越的军事才能和政治智慧，更是因为他始终保持着一颗谦逊的心。在当今社会，我们更应该学习陆逊的谦逊精神，不因一时的成功而骄傲自满，而是要保持一颗平常心，不断学习，不断进步。

## 心得

人的地位越高，就越应该对他人表现得客气和有礼貌。反之，地位越低的人就越应该言行谨慎，保持恭顺的姿态。因为社会大众对于富贵之人总是寄予厚望，要求也自然更为严苛。当一个人攀上权势与财富的高峰时，他同时也就失去了随意发表言论的自由。他的一言一行都会被放大解读，成为公众关注的焦点。而对于无权无势的人来说，安身立命才是关键。

在现实社会中生存和发展，每个人都应该找准自己的位置，并随时调整自己的姿态，使之与自身所处的环境相符。这样不仅能避免冲突，还能赢得尊重与信任。

# 抑性而后正身

**原文**

知书而后忘情焉，抑性而后正身焉。

**白话**

知书达理能够使理性战胜感性，使人不被情感左右；适当抑制自己的性情才能端正品行，修养身心。

**案例**

## 司马光坚守原则

司马光是北宋时期著名的政治家、史学家、文学家。司马光历经仁宗、英宗、神宗、哲宗四朝，官至宰相，身份显贵。然而，他与妻子张夫人婚后三十多年未曾生育。在"不孝有三，无后为大"的封建观念下，家人都劝他再娶一个小妾，但司马光却从未想过要纳妾生子。

张夫人十分着急，一次，她背着司马光买了一个丫鬟，悄悄安置在卧室，自己借故外出。司马光见了却不加理睬，到书房看书去了。丫鬟跟进书房，娇滴滴地问："请问先生，中丞是什么书呀？"司马光离她一丈，板起面孔，拱手答道："中丞是尚书，是官职，不是书！"他生气地对丫鬟说："走开！夫人不在，你跟着我做甚？"还有一次，司马光到老丈人家赏花，张夫人和丈母娘合计，又偷偷地安排了一个美貌丫鬟，司马光却不客气地将其赶走。

司马光一生拒不纳妾，与妻子相依为命。张夫人终身未育，司马光便收养了哥哥的儿子司马康作为养子。妻子去世后，这位廉洁、清贫的宰相竟拿不出给妻子办丧事的钱，只好把仅有的三顷薄田典当出去，置棺发丧。

司马光身为高官显贵，却仍能坚守原则，他的行为在当时的社会背景下显得尤为可贵。司马光的故事提醒我们，在面对诱惑与挑战时，应当时刻保持清醒的头脑，坚守内心的道德准则，通过自我约束与管理实现个人品行与修养的提升。

### ·心得·

因一时不理智而引发的悲剧令人后悔莫及。人生本就多舛，细微之处若把控不当，便可能再添波澜。情感与欲望确实是人的天性，但不加克制，任其泛滥，将导致个人行为失控，偏离正道，甚至伤害他人，这种自私放纵的行为违背公序良俗，为社会所不容。严于律己并不意味着压制个性或否定本能与欲望，而是要通过强大的自我约束与管理能力确保行为符合社会规范和道德标准。

知识能拓宽视野，让人洞悉世事本质，减少迷惘、困惑。激愤与冲动实际上往往源于对事物本质认知的匮乏。因此，知书达理对于克制欲望至关重要。当然，克制欲望并不代表过分压抑自己的天性，关键在于找到平衡点，使自己不敢肆意放纵，将情感和欲望控制在合理范围内，并以恰当的方式表达。

# 苦乐篇

## 苦乐由心而定

**原文**

苦乐无形，成于心焉。

**白话**

苦与乐并没有固定的形态，它们的形成取决于人的内心世界。

**·案例·**

### 颜回的乐与贫

颜回是孔子的得意门生子之一，以安贫乐道著称。他身处陋巷，箪食瓢饮，却依然不改其乐。孔子曾赞叹道："贤哉，回也！一箪食，一瓢饮，在陋巷，人不堪其忧，回也不改其乐。"颜回在贫困的环境中能够找到内心的平静与快乐，他的故事生动地诠释了"苦乐无形，成于心焉"的哲理。

颜回之所以能在贫困中保持快乐，是因为他内心有着坚定的道德信仰和对知识的无限渴望。他视道德为生命之根本，以学习为人生之乐趣。在他看来，贫困并不能剥夺他精神的自由与内心的富足。相反，正是这种贫困的生活，让他更加专注于内心的修养与对学问的追求。

颜回虽然一生贫困，但他的道德品质和学问造诣却赢得了后世的广泛赞誉。他的故事被后人传颂不衰，成为激励人们在困境中保持乐观与坚韧精神的典范。

## 心得

面对相同的境遇，有的人能将苦转化为乐，保持乐观和积极的心态；而另一些人则可能深陷痛苦的泥沼，任由消极情绪吞噬希望。探究其根本原因，是心态的差异。

对苦与乐的认知和定位，直接决定了人的情感波动和应对策略。人们的观点不同，对苦与乐的定义也就大相径庭。世俗之人往往以个人利益的得失作为评判标准，终日患得患失，一旦个人利益未能满足，便将其视为苦楚。相反，品德高尚的人则能从道德和公义的角度出发，不计较个人的毁誉得失。那些目光长远的人，其见识总是能超越世俗的束缚；那些只顾眼前利益、事事为自己谋取利益的人，往往无法成就伟大的事业。

# 快乐莫过给予

至乐乃予，生之崇焉。

人生最大的快乐源自给予，这是生命的崇高意义。

## 李士谦的仁德之路

在隋代赵郡，有一位名叫李士谦的仁者，他的一生是对仁德之道的深刻诠释。幼年丧父，他侍奉母亲极尽孝道，母亲去世后，他将家宅捐作佛寺，自己则投身学海，博览群书。然而，面对权贵的征辟与举荐，他始终坚守本心，不为名利所动。隋朝建立后，他以乐善好施闻名乡里，成为一方楷模。

李士谦的仁德体现在他生活的方方面面。他虽家境殷实，却生活节俭，对自己要求严格，而对他人慷慨大方。每当乡里有人遭遇困境，他总是第一时间伸出援手，不计亲疏，不图回报。他扶贫济困，慷慨解囊，帮助无数乡亲渡过难关。在饥荒之年，他更是倾尽家财购买粮食，施粥赈济灾民，使成千上万的人得以存活。

李士谦的仁德贯穿了他的一生。对待困境中的人，他不仅在物质上给予帮助，还在精神上给予慰藉。他用自己的言行影响着周围的人，使他们也加入行善的行列中来。他的善行如同春雨滋润着人们的心田，使社会充满了温暖与和谐。

李士谦用善行与奉献赢得了人们的尊敬与爱戴。在他去世后，当地百姓无不痛哭流涕，万余人为他送葬。他的事迹被载入史册，成为后世传颂的佳话。

**心得**

"生命的意义在于付出、在于给予，而不是在于接受，也不是在于争取。"巴金这句话深刻揭示了人生的意义，并指导我们如何成为真正快乐的人。当我们愿意将美好的事物与他人分享时,我们的内心会感受到前所未有的满足与宁静。这种分享不仅使他人受益,也让我们的生命因此变得更加丰富和有意义。

当今时代,有些人常常被名利所束缚,忘记了生命中最本质的快乐。事实上,那些外在的成就和物质财富虽然能带来短暂的满足,却无法触及心灵深处的幸福。我们唯有学会放下个人的私欲,以一颗真诚和善良的心去对待他人、帮助他人,才能真正体验到生命中最纯粹的快乐。

# 痛苦莫过亏欠

至苦乃亏,死之惶焉。

最大的痛苦莫过于亏欠他人,即便到死也会心怀不安。

### 案例

## 豫让刺赵襄子

豫让是春秋战国之际晋国人。当时晋国有六大家族争夺政权,豫让曾在范氏、中行氏门下为客,却并未得到应有的重视。他转投智伯,得智伯赏识,从此誓死效忠智伯。然而,世事无常,赵家首领赵襄子联合韩、魏两家灭掉了智伯,并以智伯的头骨为杯,饮酒作乐。豫让目睹此景心如刀割,立誓要为智伯报仇,以尽自己作为臣子的信义。

豫让更名易姓，潜入赵襄子的宫中行刺，但因赵襄子警觉而未能成功。赵襄子感佩其忠诚与勇敢而释放了他。豫让并未放弃，为了改变容貌和声音，他不惜在全身涂上漆料、吞下煤炭使声音嘶哑，伪装成乞丐伺机复仇。豫让埋伏在赵襄子必经之路的桥下，准备实施刺杀。然而，命运弄人，赵襄子的马突然受惊，再次破坏了他的计划。赵襄子捉住豫让后问道："你曾为范氏和中行氏效力，智伯灭了他们，你不仅未替他们复仇，反而投靠了智伯。如今你也可以投靠我，为何执意为智伯复仇？"豫让回答："我在范氏、中行氏门下时，他们并未重视我，视我为常人；而智伯却极为看重我，是我的知己，我必须为他复仇。"豫让明白此次必死无疑，于是请求赵襄子脱下衣服，让他刺穿衣服，这样他便能不留遗憾地死去。赵襄子被他的忠义所感动，满足了他的请求。豫让拔剑刺衣，三剑之后，自刎而亡。

真正的勇士不在于力敌千钧，而在于坚守内心的道义。豫让用他的生命诠释了信义的真谛，也为我们树立了一个光辉的榜样。豫让虽然身死，但他坚守道义的精神却永远地留在了人们的心中。他的故事被后人传颂，成为一段佳话。他的忠诚与信义也成了后世无数侠士所追求的理想境界。

### 心得

人生在世，难免会有对他人的承诺与责任。当这些责任未能尽到或是对他人造成了无法弥补的伤害时，内心的痛苦与愧疚便如影随形，成为难以承受之重。这种痛苦不仅源于对自己行为的悔恨，还有对他人情感的亏欠。即便到生命的最后时刻，这种愧疚感也难以消散，让人无法安心离去。

因此，我们应该时刻警醒自己，为人处世要负责守信，坚守正道，尽力避免那些可能导致终生遗憾和痛苦的行为。只有这样，我们才能在回首往事时，心中少一些愧疚，多一些平静和安宁。

# 交往留有空间

 **原文**

> 情存疏也，近不过己，智者无痴焉。

**白话**

情感应留有空间，即使关系再近，也应保持自我，有智慧的人不会痴迷于情感之中。

**案例**

## 李清照与赵明诚

宋代著名女词人李清照以其卓越的才华和独特的个性闻名于世。她与丈夫赵明诚的婚姻被传为千古佳话。李清照与赵明诚都是文学爱好者，他们志同道合、情投意合。在那个男性主导的社会中，李清照能够保持自己的爱好与自由，离不开赵明诚的理解与支持。

李清照好酒，赵明诚非但不加干涉，反而陪她对月小酌，教她行酒令，让她的酒趣得以自由发挥。李清照酷爱博戏，赵明诚非但没有责备，反而支持她撰写《打马图经》。赵明诚这些举动体现了对李清照情深意浓，而且更难得的是，他能在婚姻中给对方留出自我的空间。

在赵明诚的理解与支持下，李清照得以在文学创作中自由驰骋，留下了许多脍炙人口的词作。两人相互尊重、相互成就，共同书写了一段流传千古的爱情传奇。这段故事告诉我们：真正的爱情不是束缚与占有，而是在相互尊重与理解中，让对方活出自我，成为更好的自己。

三毛说："朋友再亲密，分寸不可差失，自以为熟，结果反生隔离。"这话一点儿没错，有时候关系太近了，最后反而会变得谁也不理谁。

人和人亲密相处，时间长了，肯定会产生各种麻烦和不满。就像你手里抓着沙子，越使劲儿抓，沙子就漏得越快；人和人之间的情感，你越想抓住，反而越抓不住。只有保持适当的距离，真诚而不失平衡，像云一样自然，亲密但又不过分，才能享受到轻松自在的关系。保持适当的距离，人性的美好会持续不断地展现出来。

# 往事不堪沉溺

**原文**

情难追也，逝者不返，明者无悔焉。

**白话**

感情难以追寻，逝去的人不会再回来，明智的人对感情从不后悔。

## 东坡与朝云的情缘

熙宁四年（1071），苏轼被贬至杭州，偶遇歌女王朝云。王朝云虽涉世未深，却对苏轼的才情仰慕不已。她毅然决定追随东坡先生，共度余生。二十余年风雨同舟，无论是黄州的清贫岁月，还是惠州的艰难时光，王朝云始终不离不弃，用她的坚韧与柔情为苏轼撑起了一片天。然而，命运弄人，王朝云在惠州不幸染病，年纪轻轻就香消玉殒。

在朝云逝去的日子里，苏轼没有沉溺于哀伤之情，而是寄情于诗词，写下许多诗、词、文章来悼念这位红颜知己。他在朝云的墓边筑六如亭以纪念她，并亲手写下楹联："不合时宜，惟有朝云能识我；独弹古调，每逢暮雨倍思卿。"这亭联饱含着他对这位红颜知己的无限深情。

苏东坡的诗词中不仅有对故人的怀念，还充满了对生活的热爱与对未来的憧憬，展现了一个智者应有的风范与气度。虽然他的一生充满坎坷与波折，但他从未后悔过自己的选择与所经历的一切。朝云已去，她的影子却刻在苏东坡的心中，也留在惠州西湖的山水花木之中。遥想才子佳人的悲欢情愁，怎不令人为之叹息？

人生如流水，情感似云烟，许多美好与遗憾都随着时光的流逝而消散。情感的世界复杂多变，有时候，即使我们拼尽全力，也未必能留住那份温暖与甜蜜。过去的就让它过去，不必过分纠结于无法挽回的过往，因为每一次放手都是为了更好地前行。

在时间的长河中，每个人都会经历得失与离合，这些经历构成了我们丰富多彩的人生。明智的人懂得珍惜眼前人，把握现在，而不是沉溺于过去的回忆中无法自拔。他们明白：只有放下过去，才能拥抱未来；只有释怀遗憾，才能迎接新的希望。

# 世故篇

## 人忌交浅言深

人不可尽信，言不可尽献。

**白话**

人性复杂多变，不可全然信赖；心里话不宜和盘托出，恰到好处，留有余地，才是明智之举。

**·案例·**

### 诸葛亮与刘备的"隆中对"

东汉末年，群雄逐鹿。刘备为复兴汉室，四处寻访贤才。他听闻诸葛亮有经天纬地之才，便三顾茅庐，终于在隆中草堂得以相见。初次会面，刘备坦诚地向诸葛亮询问平定天下的良策。诸葛亮深知自己将要呈上的"隆中对"是他政治生涯中的一大赌注，同时也意识到言多必失，尤其是两人刚刚接触，而刘备在此之前已经多次失败，因此他更应有所保留，在试探对方的同时避免自己失误。

在阐述战略构想时，诸葛亮采取有条不紊、层层递进的策略。他先从宏观层面剖析了当前各方势力的态势，进而逐步引导刘备认识到当前局势中潜在的机遇。当论及具体的行动计划时，诸葛亮更为审慎，他强调了联盟战略的重要性，建议刘备先与孙权建立稳固的联盟关系，以共同应对曹操的威胁。同时，他也提出注重内政建设、积累实力的策略，以期在时机成熟之际，一举定鼎中原。

在整个对话过程中，诸葛亮并没有和盘托出自己的想法。刘备感到对方深不可测，更想深入了解下去，因为刘备知道诸葛亮还有更多的智慧，等待在未来的日子里逐步展现。诸葛亮的言辞智慧不仅体现在他的战略眼光上，更体现在他的分寸感和策略性上。通过"隆中对"，诸葛亮以其卓越的才智和适度的保留赢得了刘备的全力支持。两人携手共进，最终开创了蜀汉的基业。

## 心得

俗话说："知人知面不知心。"无论是血亲挚友，还是擦肩而过的陌生人，每个人的内心都深邃得像海洋。在海洋中航行，我们要像航海者一样警惕暗礁，与他人相处时大意不得。我们盲目且毫无保留地信任他人，可能会陷入背叛与欺骗的旋涡，从而蒙受伤害。

我们在现实生活中与他人相处也应持有戒备心，学会保留几分。当然，并不是倡导完全摒弃对他人的信任，也不鼓励冷漠和无端的猜疑，此处强调的是在信任中应保持必要的警觉与分寸。在适当的时机、合适的对象、恰当的环境下表露自我，这样既能保持真诚，又能确保自身不受伤害。

# 事须勤思自省

不省之人，事无功耳。

不能自我反省的人，做事不会有成效。

## ·案例·

### 曾国藩：不为圣贤，便为禽兽

曾国藩的父亲曾麟书酷爱吸烟。受父亲的影响，曾国藩自幼便习惯了土烟气息。到了十七八岁的年纪，他的烟瘾已经相当严重。曾家人并不吸食鸦片，而是偏爱湖南本地出产的烟草。这种烟既呛鼻又辛辣，劲道十足。到了1840年，年仅三十岁的曾国藩因过度吸烟而精神不振，这严重干扰了他的日常生活和工作，遭到了老师和长辈们的严厉斥责。他的自尊心受到了极大的打击，同时深刻地认识到吸烟的危害。因此，他下定决心戒除烟瘾。

在首次戒烟时，曾国藩为了表明决心，将自己的字由"子城"改为"涤生"。在日记中，他阐释了"涤生"的含义："涤"指清除旧日的污点；"生"则取自明代袁了凡的话，意指过去种种如同昨日般逝去，而未来种种则如同今日般新生。尽管如此，由于烟瘾根深蒂固，他第一次戒烟很快就失败了。在第二次尝试中，他在日记中写下了"不为圣贤，便为禽兽"

的誓言，这次戒烟取得了显著成效。曾国藩在家中坚决抵制吸烟，但每当外出目睹他人吸烟时，他便感到喉咙发痒。面对他人敬烟，他难以抗拒，偶尔会抽上几口，自嘲"盛情难却"。因此，他第二次戒烟也以失败告终。

1842 年，曾国藩开始了深刻的自我反省，毅然砸毁了烟具，焚烧了烟草，并公开宣誓戒烟，以天谴作为警示，确保自己不再复吸。为了成功戒烟，曾国藩还请亲朋好友监督自己。

经过不懈的努力与坚持，曾国藩成功戒烟，并一直保持到去世。这件事给了曾国藩很大的信心，他迅速改掉了其他坏习惯，向圣贤看齐，最终曾国藩成为晚清著名的政治家、军事家、文学家。

**心得**

曾子有言："吾日三省吾身。"曾子认为，每日多次反省自己的言行，是提升自己道德修养的重要途径。

在人生的旅途中，每个人都会遭遇挫折与失败。能否从这些经历中吸取教训，关键在于我们是否拥有自我反省的能力。那些不能自我反省的人在面对困境时往往只会怨天尤人，从不检视自身的不足与过错。这种态度无异于关闭了成长的大门，注定使他们在失败的泥潭中越陷越深。相比之下，那些成功者无不具备深刻的自我反省精神。他们能在失败中认识自身的不足，勇于承认错误，并积极寻求改进的方法。正是能够持续地自我审视与修正，他们在人生的道路上越走越远，最终抵达成功的彼岸。

# 莫趋天降之喜

**原文**

天降之喜，莫径取焉。

**白话**

上天赐予的好事，不宜轻易、直接地获取。

**·案例·**

## 朱元璋：高筑墙，广积粮，缓称王

元末，天下大乱，群雄并起，朱元璋起初仅是众多起义军中一支微小的力量。然而，他凭借出色的战略眼光和谨慎的行事作风，逐渐在乱世中崭露头角。在诸多势力中，朱元璋稳步发展，不急功冒进，避免了因过早暴露实力而招致攻击和打压，也赢得了民众的支持和信任。

面对接连不断的胜利和扩大势力的机会，朱元璋采纳朱升"高筑墙，广积粮，缓称王"的策略，加强军事防御，大力发展农业生产，对外保持低调，不急于称王争霸，而是默默积蓄力量，等待时机。这一策略使朱元璋在群雄并起的乱世中稳步发展，逐渐壮大自己的实力。

朱元璋凭借"高筑墙，广积粮，缓称王"的稳健策略，成功建立了明朝，开创了历史上一个新的时代。在追求目标的过程中，我们应向朱元璋学习，保持冷静和审慎，以稳健的步伐向前迈进。只有这样，我们才能在人生的道路上越走越远，成就一番伟业，留下永恒的光辉。

天降甘霖，固然令人欣喜，然而面对突如其来的好运，我们应当保持清醒的头脑，不可盲目追求，更不可急功近利。

福祸相依，有时看似美好的机遇背后，可能隐藏着未知的陷阱或挑战。因此，面对天降之喜，我们应保持理性与审慎的态度，不急于求成，而是应深入思考其背后的价值与潜在的风险，以确保稳妥地把握机遇，避免因一时的冲动而步入歧途。

# 勿掩无妄之灾

不测之灾，勿相欺焉。

面对突如其来的灾祸，我们不应相互欺骗。

**案例**

## 缪燧与沂水旱情

缪燧是清代著名循吏，曾任山东沂水知县、浙江定海知县。他在沂水县任职期间，沂水出现了罕见的旱情，水库干涸，河床龟裂，耕地大面积歉收、绝收，家畜因缺水生病而大批死亡，百姓生活陷入困境。面对灾情，缪燧如实向上禀报，没有丝毫隐瞒。他深知，只有让上级了解真实情况，才能获得更多的支持和帮助。因此，他冒着被问责的风险，将灾情如实上报。这一举动迅速赢得了上下一致的认可。

在救灾过程中，缪燧建议将赈灾银两直接发放给百姓，让百姓自行购粮，以更快地解决燃眉之急。这一大胆的建议最初并未被同僚接受，但缪燧坚持己见，据理力争，最终使建议得以实施。他这一举动不仅体现了他对百姓的深切关怀，也彰显了他在关键时刻的决断力和担当精神。此外，缪燧还积极帮助百姓恢复生产。他变卖自己的家产，购买耕牛、铁犁、种子等生产资料，分发给受灾百姓。这一举动让百姓深受感动，也进一步巩固了他在百姓心中的地位。

缪燧在沂水县任职期间，赢得了百姓的广泛赞誉。他离任时，百姓心怀悲伤地送别。后来，他调任浙江定海知县，继续为民请命、造福一方。缪燧的故事告诉我们：只有坦诚面对困难，积极寻求解决方案，才能赢得众人的信赖和支持。

### 心得

突如其来的灾难考验着我们的诚信与担当。在灾难面前，有人选择坦诚相待，共渡难关；而有人则选择隐瞒真相，以求自保。诚信是为人的根本，在灾难面前，相互欺骗无异于雪上加霜，它不仅会削弱我们抵抗灾难的力量，还会在人们的心中留下难以愈合的创伤。

面对困境，我们应坚守道德底线，坦诚面对，因为欺骗只会加剧危机，破坏彼此之间的信任，最终让所有人陷入更深的困境。如果我们能够坦诚相待，共同面对困难，就能凝聚起更强大的力量，共同战胜灾难。

# 贤者不逐其名

贤者不逐其名，仁贵焉。

有仁德的人不会追逐虚名，仁德是宝贵的品质。

·案例·

## 许由辞让帝位

许由自幼农田躬耕，不营世利，以道义为重。他生活俭朴，邪膳不食，邪席不坐，夏日树上筑巢而寝，冬日则挖地窖居住。他饮河水且无怀器，手捧而饮，展现出一种超脱世俗的高洁品质。

尧帝老年时深感自己衰老，而儿子丹朱不肖，不愿因爱子而误天下。他听闻许由清高有志，便派人求贤，欲将帝位禅让于他。许由听后毅然拒绝道："匹夫结志，固如磐石。我采山饮河，以求陶冶情操，非为求取禄位；我纵情游闲，以求安然无惧，并非贪图天下。"

尧帝得知许由不轻移其志，便亲自登门拜访，许由仍推辞说："我年事已高，需求无多，还是当个臣民吧！"于是，他连夜逃往箕山颍水旁，继续农耕而食，远离世俗纷扰。

正如许由所展现的，一个人的影响力和价值往往来自他如何生活，如何对待他人，以及他如何面对生活中的各种诱惑和挑战。许由在面对尧帝的禅让时，选择坚守仁德之心，淡泊名利，保持内心的纯净和高尚。

尧帝得知许由的去处后，又派人请他出任九州长。许由认为这更加违背了他的初衷，他匆忙到颖水边洗耳，以示不愿听闻此事，随后便隐居深山之中，终生不为名利所动。

许由辞让帝位的故事流传千古。他淡泊名利，是后世仁人志士学习的典范。在当今社会，我们也应该像许由那样，不被表面的浮华迷惑，而要追求内在的充实和精神的自由。通过坚守仁德，我们不仅能够获得内心的平和，还能够为社会带来正面的影响。

**·心得·**

太史公有云："桃李不言，下自成蹊。"

仁德之人并不需要名声来彰显自己的价值。他们之所以受人敬仰，是因为他们内心秉持着仁爱的品质。相反，那些只追求名声的人生怕自己被埋没，于是处处崭露锋芒，挖空心思来宣传自己。实际上，名声和名望是虚幻的，它们可能带来好运，但更可能招致不幸。与仁德相比，外在的名声犹如泡沫，一旦破裂，便显露出其空洞的本质。一个人可以寂寂无闻，但不可以无仁无德。仁德之所以宝贵，是因为它代表了人性中最光辉的一面。一个人如果拥有了仁德之心，就会对世间万物充满关爱，以更宽容的心态去面对生活中的种种遭遇。

# 明者不恋其位

明者不恋其位，名弃焉。

明智的人不贪恋所处的权位，他的明智之举在于懂得舍弃。

## 案例

### 孙武隐退著兵书

孙武是春秋时期的杰出军事家，初出茅庐，便得到吴国大夫伍子胥的赏识，将其引荐给了吴王阖闾。吴王阖闾对孙武的军事才能大为赞赏，随即重用。在吴王阖闾与夫差两代君王麾下，孙武与伍子胥联手，向西攻伐强大的楚国，向南则逼降了越国，使吴国一跃成为当时长江以南的霸主。然而，随着吴国霸业的稳固，宫廷内部的矛盾日益激化。伍子胥因直言进谏触怒了吴王夫差，最终被杀害。

孙武目睹了伍子胥被诛的惨剧，深感悲痛与忧虑。他深知，继续留在朝廷将使自己陷入无尽的纷争与危险之中。于是，孙武选择隐退，远离政治斗争的旋涡。隐退后的孙武将全部精力投到了兵书的修订上。他总结自己多年的战争经验，结合前人的军事理论，撰写出《孙子兵法》这部军事经典。

孙武的隐退之举，使他避免了政治斗争的纷扰和危险。而他撰写的

《孙子兵法》不仅在中国军事史上占有重要地位，而且对世界军事思想也产生了深远的影响。孙武的故事告诉我们：智者不仅懂得如何追求成功，更懂得如何在成功后适时而退，保全自身并留下永恒的价值。

**心得**

权位总是让人趋之若鹜，有的人为了追逐权位而不惜一切代价。面对权位的诱惑，人们往往"当仁不让"，绝不言弃，人生的困厄也便因此而加剧。只看到权位的好处而忽视其中的困厄，必然后患无穷。

《道德经》中有言："功成身退，天之道。"当一个人的功名达到人生顶峰时，根据物极必反的自然法则，人生轨迹就可能开始逆转。因此，不居功自傲，及时退隐，方能善终。在当今社会，这种智慧依然具有深远的现实意义。在竞争激烈、诱惑重重的环境中，许多人容易被眼前的权力和利益迷惑，而忽视了潜在的风险。明智者能够保持清醒的头脑，不被权位束缚，懂得在关键时刻放手，从而避免陷入权力的旋涡，保持个人的独立与自由。

# 勇者不争其锋

**原文**

勇者不争其锋，勇敛焉。

勇敢的人不逞强斗狠，他的勇敢在于懂得收敛。

**·案例·**

## 将相和

战国时期，赵国有两位杰出的大臣，一位是智勇双全的蔺相如，另一位则是威名赫赫的武将廉颇。蔺相如最初是宦者令缪贤的门客。在赵惠文王统治时期，秦昭襄王致信赵王，提出以十五座城池交换和氏璧。蔺相如受命携带和氏璧前往秦国，他凭借雄辩和机智巧妙周旋，最终完璧归赵。随后，秦王邀请赵王在渑池会面，以结成联盟共同对抗楚国。赵王因畏惧秦国而犹豫不决，不想赴约。蔺相如进言："大王若不出席，将显得赵国既无能又怯懦。"赵王因此决定前往，蔺相如随行。在渑池，秦王让赵王鼓瑟。蔺相如见秦王存心侮辱赵王，便请秦王击缶。秦王没占到便宜，只好让赵王回去。蔺相如因功被提拔为上卿，官位甚至超过了廉颇。廉颇因功自傲，对蔺相如居于其上感到不满，多次扬言要羞辱蔺相如。

面对廉颇的挑衅，蔺相如多次称病不上朝，即便偶尔相遇，他也主动让出车道。这一行为引起赵国百姓和朝廷大臣的广泛议论，有人甚至认为蔺相如畏惧廉颇。于是，蔺相如的门客们纷纷直言进谏："我们之所以离开亲人来侍奉您，是因为仰慕您高尚的节义。如今，廉颇口出恶言，您却选择逃避，为什么呢？"蔺相如问："诸位认为廉将军和秦王相比，谁更强大？"门客们回答："廉将军比不上秦王。"蔺相如说："以秦王的威势，我尚且敢在朝廷上呵斥他，难道会怕廉将军吗？我考虑到强秦之所以不敢对赵国用兵，正是因为有我们两个人在。如果两虎相争，势必不能共存。那正是强秦希望看到的。"

蔺相如的话语传到廉颇耳中后，他感到羞愧难当，于是他亲自登门，背负荆条以示请罪。从此，两人摒弃前嫌。在面对廉颇的挑战时，蔺相如并未选择针锋相对，而是选择了退让，以化解双方的矛盾，从而防止因内部争斗削弱国家力量。他的隐忍与宽容不仅赢得了廉颇的敬重，也成为后世的美谈。他的举动不仅阐释了什么是真正的勇气，也启示我们，在面对矛盾和冲突时，应以大局为重，避免因个人恩怨去持续争斗。

**·心得·**

常言道："刚不可久，柔不可守。"为人处世应刚柔相济，心中无畏又懂得收敛之人往往成就非凡。

勇者并非莽夫，藏锋内敛是对自身实力的自信，更是对时局的深刻洞察和对未来的长远规划。世间诸多纷争往往源于一时的冲动和不理智的争斗。勇者不会因一时的意气之争而置自己于险境；相反，他们会选择隐忍退让，以柔克刚，用智慧来化解矛盾。

当今社会，我们同样需要这种懂得内敛的勇敢。面对竞争和压力，我们不应该盲目地争强好胜，而应学会审时度势，以退为进，避免陷入麻烦当中。

第五人御

# 识人篇

## 交人必先交心

**原文**

人非善变，乃不识也。

**白话**

人们并非本性易变，而是不了解彼此。

**·案例·**

### 管宁与华歆：从同道到殊途

管宁与华歆皆是东汉末年的学者，早年为同窗挚友。两人曾在田间锄草，发现地上有一块金子，管宁视若无睹，华歆则拾起金子看了看才将其扔掉。又有一次，他们同席读书，外面驶过一辆华丽的马车，管宁依旧专心读书，华歆却起身去看。管宁见状便割裂席子，与华歆断交。

管宁与华歆决裂不是偶然，而是两人心性的差异导致的必然结果。俗话说："在家靠父母，出门靠朋友。"我们都希望广交朋友，以交友自己的社交关系网，但同时却忽略了不合适的朋友可能会带来更多的麻烦。与其日后决裂时感叹人心易变，不如在交友之前先了解对方的品行。

管宁与华歆长大后果然选择了不同的立场。管宁归隐田园，终身不仕，在乱世中洁身自好；而华歆效忠于曹魏，并成为曹丕逼迫汉献帝禅位而自立的推手。这个故事告诉我们：真正认识一个人是了解其品性、思想与价值观念。只有从本质上互相认同的两人，才能成为结交一辈子的好友。

没有真正了解一个人，就可能会对他某些突然的变化感到惊讶，这是我们自身的认知局限所导致的误判。我们常常倾向于从自己的视角去揣度他人，却忽视了每个人都是独特的个体，他们的思想、情感和经历与我们有着本质上的不同。

我们仅凭表面现象去评判一个人或仅依靠过往经验预测他们的行为时，很容易陷入误解和偏见。而要真正认识一个人，应该用心观察、倾听、感受他们的内心世界，了解他们的成长轨迹和心路历程。只有这样，我们才能从本质上认识身边形形色色的人，避免因无知和大意而交错了朋友。因此，我们要通过学习不断提升自己的认知能力，以便更好地理解和接纳他人。

# 性恶无非多欲

**原文**

人非好恶，乃欲多也。

**白话**

人并非生来就偏好作恶，而是更多欲望使人走上了错误的道路。

## 和珅的堕落之路

和珅是清朝乾隆时期重臣，出身于官僚家庭，早年历经双亲早逝之痛，科举不第后投身军旅，由士兵逐步升任宫中要职。他机智圆滑，财政管理能力超群，容貌俊朗，精通多种语言，国学造诣深厚，迅速获得乾隆皇帝赏识，兼任多种官职，晋升速度空前之快。初入仕途时，他尚能保持清廉，但随着官职升迁，对权势和金钱的欲望日渐膨胀。云南官员揭发李侍尧贪污案，和珅受命调查。李侍尧定罪后，和珅在查封家产时私吞大部分财物，首次尝到了权力的甜头。此后，和珅便大肆结党营私，利用职务之贪污受贿。

乾隆帝去世后，和珅失去靠山，嘉庆帝对其展开清算。经查，和珅家产竟相当于清政府十几年财政收入，贪污腐败之严重令人咋舌。最终，和珅被赐自尽，身败名裂，成为贪官的代名词。若和珅能坚守为官之道，或许人生会截然不同。然而，历史无情，和珅的贪婪与放纵不仅断送了自己的前程，也给清朝的财政和民生带来了深重的灾难。

他的经历为后世留下了深刻警示：欲壑难填，但要明白权力与金钱并非衡量人生价值的唯一标准。我们每一个人无论身处何位，都应当时刻牢记自己的职责和使命，坚守道德底线，不为私利所驭。只有这样，才能赢得世人的信任和尊重，在历史中留下真正有价值的印记。

·心得·

人性本无恶，每个人在初生的那一刻都如同一张白纸，纯洁无瑕。然而，在成长的过程中，社会的复杂、生活的压力以及各种诱惑让人们的内心逐渐被欲望填满。或是对名利的渴望，或是对物质的追求，或是对权力的向往，它们如藤蔓般缠绕在人的心头，让人难以自拔。当欲望得不到满足时，人们往往会被其驱使，做出一些违背良心甚至伤害他人的事情。

我们应当学会控制欲望，保持内心清明与善良。要知道，真正的幸福并不在于拥有多少物质财富或多高的社会地位，而在于内心的充实与满足。我们放下那些膨胀的欲望，专注于修养心灵时，就会发现原来生活可以如此简单而美好。

# 言善未必心善

言善未必善，观其行也。

说善言的人未必真的善良，要观察他的行为来判断。

## 案例

### 王莽：表里不一的篡位者

王莽是汉元帝皇后王政君的侄子，在西汉末年的政治舞台上长袖善舞。他以言辞恳切、推崇儒家礼教、关心百姓福祉闻名，表现出一副贤德忠诚、道德典范的形象。他生活俭朴，与家族中盛行的奢侈风气形成鲜明的对比。他对待母亲极为孝顺，对兄长的遗孤充满慈爱，并且在官场中谦逊待人，积极投身于朝政事务，以公正和勤勉著称。因此他赢得了朝野内外的广泛赞誉，他被许多人视为难得的贤臣良士。

王莽的言行举止看似谦恭贤德，实则是他精心策划的一场篡位大戏的前奏。他打着冠冕堂皇的旗号，以和善的言辞和看似贤德的行为（如孝悌节俭、公正勤勉、礼贤下士等）逐步积攒声誉和人脉，拉拢人心，培植势力，打压异己。其真实目的是要篡夺汉室江山，将权力牢牢掌控在自己手中。随着时间的推移，他的野心逐渐暴露，最终他撕下伪善的面纱，公然代汉称帝，建立新朝。

王莽的篡位行为并未得到广泛的支持和认可。他的野心和虚伪引发了社会的动荡和不满。新朝的统治也并未如他所愿，而是因残暴和腐败而最终覆灭。王莽的失败不仅在于他篡位的非法性，更在于他表里不一、虚伪欺诈的本质。

面对王莽这样表里不一的人，我们必须学会透过表象，深入分析其行为背后的真实动机和目的，才能不被其表面的善言善行所迷惑。他的故事启示我们，在评价一个人时，不能仅凭其言辞和表面的行为，而应通过深入的观察和分析，去探究其内心的真实想法和动机。只有这样，我们才能避免被表象迷惑，做出正确的判断和决策。

**心得**

子曰："听其言而观其行。"

言辞就像一层轻薄的面纱，浅表且容易被编织，而行为则能更多地反映人的内心世界。当然，人的行为也可能暂时被伪装，隐藏起真正的自我，特别是在某些特定场合或面对特定人群时，有的人常常出于某种目的刻意改变自己的行为。然而，"路遥知马力，日久见人心"，持续且长期的行为模式宛如一面镜子，清晰地映射出其内心的真实状态。

因此，我们遇到那些言辞华丽、口若悬河的人时，不应轻易被其表面的言辞迷惑，而应保持清醒的判断力，持续且仔细地观察其行为举止，从而探究其真正的品德和意图。

# 言恶未必心恶

言恶未必恶，审其心也。

说话难听的人未必凶恶，要审视他的内心。

**案例**

## 海瑞直言上疏，心系苍生显忠诚

明朝嘉靖年间，海瑞以清廉正直、直言敢谏而闻名。他曾任知县，其间针对当时社会的腐败现象上疏痛陈时弊，言辞犀利，毫不留情。这些直言上疏往往触及权贵的利益，使得海瑞在官场中树敌众多。然而，他并未因此退缩，反而更加坚定了为民请命的决心。

当时在位的是明世宗朱厚熜，他晚年隐居于西苑，沉溺于设坛求福之类的事务之中，边疆的高级官员们竞相进献吉祥之物，礼官们则纷纷上书祝贺。自从杨最、杨爵因直言进谏获罪之后，朝廷官员们无人再敢对时政发表意见。嘉靖四十五年（1566）二月一日，海瑞购置了棺材，安排好家人后，上呈《治安疏》，严厉批评世宗沉迷于迷信和奢侈的生活，忽视了国家政务。

朱厚熜初读《治安疏》时勃然大怒，打算立即治海瑞的罪，但宦官黄锦劝阻了他。朱厚熜后来反复阅读海瑞的上疏，被其忠诚和正直所感动，将奏疏留在宫中数月，并感慨地说："此人堪比比干，但朕并非商纣。"后来朱厚熜生病时想起海瑞的奏疏，又感觉生气，就将海瑞关进诏狱。

十个月后，朱厚熜驾崩，裕王继位，年号隆庆，奉朱厚熜遗诏，赦免了以海瑞为代表的所有谏言诸臣。海瑞被释放出狱，官复原职，不久改在兵部任职，最终升任尚宝丞（专门管理皇帝御玺、印鉴的官员）。

海瑞的故事告诉我们：评价一个人不能仅看其表面的言辞，更要深入探究其内心真实的想法和动机。海瑞虽然言辞犀利，不留情面，但他心系国家、忠诚担当的品质赢得了后世的敬仰。

**心得**

我们常常会遇到言辞犀利、直言不讳的人，他们的言语或许尖锐刺耳，但这并不等于他们为人凶恶。很多时候，反而是这样的人勇于揭露真相。因此，评价一个人时，不能仅凭其言辞是否悦耳动听，而应深入探究言行背后的动机和真实想法，以免冤枉好人或误信恶人。

人心善恶往往需要长时间交往才能显露，我们应保持开放心态，通过多个方面来认清一个人的真实面目，同时反思自我，避免因为偏见而误判。那些说话直接、内心善良正义、勇于为弱势群体发声的人，值得我们敬佩；而另一些人则可能口蜜腹剑，言辞甜美却心怀不轨，我们则必须警惕。

# 识人以行鉴心

**原文**

见言见志，其行亦断也。

**白话**

听一个人的言论可以推测出他的心志，也可以判断出他的行为。

**案例**

## 曾国藩慧眼识刘铭传

晚清重臣曾国藩识人用人的才能极为精湛，他特别注重并善于通过观察他人的言行来洞察其内心并识别其才能。1862年，曾国藩收复安庆之后，在祁门县建立了军营。有一天，他的得意门生李鸿章带着三位学生来请求他鉴别。曾国藩归来后，并没有立即接见他们，而是隐匿在屏风后面，仔细观察这三个人的言行举止，进行初步判断。

曾国藩随后出现，示意三人上前，仔细观察后对李鸿章说："站在左边的人诚实谨慎，适合管理后勤；站在中间的人心思不定，难以承担重任，可以处理一些琐事；站在右边的人光明正大、忠诚可靠，将来必成大器。"

李鸿章感到困惑，问道："元帅并未深入了解他们，怎么能够断定他们的品行和能力？"

曾国藩解释道:"三人行礼时,左边的人弯腰恭敬、低头不语,表现出知礼守规、忠于职守的态度,后勤工作可以胜任;中间的人虽然表面上恭敬,但目光游移不定、四处张望,显示出性急且心不在焉,难以成就大事;右边的人身姿挺拔、面容坚毅,行礼时既不卑微也不傲慢,神情专注而坚定,具备成为大将的潜质,未来成就或许会超越我们!"

李鸿章遵照指示对三人做出安排。果然,其中站在左侧的人以严谨的态度执行任务,从未犯错;而居中者则在后来的工作中被撤职并接受调查;至于站在右侧的那位,便是后来的淮军名将、台湾巡抚刘铭传,他在台湾成功抵御了法国的侵略,并被誉为"台湾近代化之父",成为清末时期一位杰出的政治家。

曾国藩通过细致观察刘铭传及其同伴的言行举止,就能对他们做出准确判断,这正是曾国藩识人用人的卓越之处。同时,这个故事也启示我们,在人际交往中应善于观察和思考,以便更准确地识别那些真正值得信赖的人。

**·心得·**

言辞恳切、逻辑严密之人通常内心坦诚、思维清晰,且其行为亦表现得坚定、果敢;反之,言辞浮夸、含糊其词者可能内心缺乏真诚,行为亦可能充满虚伪与欺骗。然而,仅凭言辞判断人是不够的,因为有些人可能口是心非。因此,我们还需结合其具体行为来进一步验证,观察其是否言行一致。

"视其所以,观其所由,察其所安,人焉廋哉?"孔子认为,对人应当听其言而观其行,还要看他做事的心境,从他的言论、行动到他的内心,全面了解观察,那么这个人就没有什么可以隐瞒的了。在现实生活中,我们应该避免被表面的言辞迷惑,而是透过现象看本质,通过言辞洞察人心，以行为验证品质，从而准确地识别出那些真正值得信赖和交往的人。

# 言行因境而异

人伪则矜，人贱则讳，人困则乱。

虚伪的人一般善于夸耀；地位卑微的人常常会有所避忌；人在困境中容易失去理智，做出错误的判断和决策。

## 项羽乌江自刎的悲剧

楚汉争霸时期，项羽兵败垓下，被刘邦大军围困。此时，项羽身边兵力寥寥，粮草断绝，士气低落。面对如此困境，项羽非但没有冷静下来分析形势，寻找突围之机，反而被连续战败的阴影笼罩，陷入了深深的绝望之中。他夜不能寐，最终，在乌江边拒绝了乌江亭长的救援，连声哀叹："天之亡我，我何渡为？"接着选择自刎而死，一代英豪就此陨落。

项羽如果能在困境中保持冷静，分析敌我形势，或许能发现突围或和谈的机会；他也可以暂时撤退，保存实力，以待东山再起。然而，由于内心的困顿与绝望，他失去了理智，做出错误的决策，导致悲剧发生。

项羽乌江自刎，不仅是他个人的悲剧，也是历史的遗憾。即便像项羽这样的大英雄，在困境中都会因为混乱而绝望，何况我们普通人？这警示我们：面对困境，应当时刻提醒自己，切不可因一时的困境而失去理智；相反，我们应当保持冷静与清醒，分析形势，寻找解决问题的办法。只有这样，我们才能在困境中保持希望，最终走出困境。

**·心得·**

人在不同的情况下会表现出不同的心态，只有透过现象看清本质，才能精准驾驭内心世界，从而在各种境遇下做出最佳的选择。

虚伪的人常常夸大自己的能力、成就和品德，以此迷惑他人，为自己谋取私利。我们与这类人交往时务必谨慎，切忌交浅言深。地位卑微的人说话、做事都非常小心，生怕某些地方得罪别人，这正是他们忍辱负重、明哲保身的智慧。而最危险的是，人在压力与困境面前，极有可能丧失理性的思维，就好比航行于狂风巨浪中的小船，一旦船员疲惫不堪，便难以保持正确的航向，随时可能被风浪吞没。

困境是对内心世界的考验，它考验着我们的定力、智慧与应对能力。在困境中保持清醒与冷静，是避免错误决策、走出困境的关键。这种能力并非与生俱来的，而是需要通过不断学习、实践和自我修炼来培养的。

# 心性由行而见

原文

媚上者欺，弃友者奸，绝亲者祸。

白话

　　一味逢迎上级的人往往以欺瞒为手段，以求得私利；背弃朋友，就是走向了奸邪之路；断绝亲情，必将招致灾祸。

案例

## 曹丕与曹植：手足相残的悲剧

　　曹丕与曹植同为曹操之子，自幼都展现出非凡的才华。他们本应携手共进，为家族的繁荣贡献力量。然而，为了争夺权力，两个人之间产生了无法弥补的裂痕。由于曹丕和曹植都有过人之处，曹操的下属就有了曹丕派和曹植派，结党营私，互相倾轧。曹植派中的杨修出身名门，智谋过人，作为曹操的主簿，对曹植有利，曾助其一度领先。然而，曹丕运用各种计谋，在司马懿等大臣的帮助下战胜了曹植，被立为魏王世子。曹植虽才华横溢但性格直率，不注意节制，逐渐失去了曹操的宠信，甚至多次遭遇生命危机。

　　曹操死后，曹丕登基，他对曹植的猜忌与打压日益加剧。他先剥夺了曹植的兵权与封地，后又多次找机会陷害他。曹植的生活发生了巨大变化，之后的十几年里多次被迫迁徙封地，由平原侯徙封临淄侯。后来，他又被贬为安乡侯，又徙封陈王，最终因为无法施展自己的才能，郁郁而终于壮年。他创作了广为人知的《七步诗》，诗中写道："本是同根生，相煎何太急？"这句诗恰如其分地表达了手足争斗所带来的痛苦与愤慨。

曹操在世时虽对诸子有所偏爱，但总体上尚能维持家族的和睦与团结。然而，曹操去世后，曹丕继位为魏王并最终称帝，他与曹植之间的矛盾迅速升级，他们的斗争不仅消耗了曹魏的国力，影响朝廷的正常运转，也削弱了曹氏家族的凝聚力，为外部势力提供了可乘之机。在这一时期，司马家族崛起，并逐步掌握了曹魏的实权，至司马炎时最终取代了曹魏，建立了晋朝。

这段历史告诉我们：权力虽然重要，但又怎么比得上手足之情？在追求权力的过程中，我们不能忘记自己的根与源，不能忘记那些与我们血脉相连的家人。不论在外的权力有多大，也不能摒弃在内的亲情；只有家族团结稳定，才能共同抵御外来的威胁与挑战。

**心得**

权力之下，贪欲横生。有人不惜放弃原则与尊严，以甜言蜜语和虚假的表现换取上司的青睐与信任；有人背弃友情，靠出卖朋友来获得权力、巩固势力；最可恨的是，还有人不惜背叛亲情，与家人反目，最终家族破败……

在权欲的诱惑之下，这一幕幕悲剧不仅表现出人性的弱点，也是历史的教训，既让人心寒，更让人警醒。真正有智慧与品德的人会坦诚相见，以实力和才华赢得尊重和认可。选择欺骗与背叛的人虽能得逞一时，却最终难逃道德的谴责与历史的审判。

# 用人篇

## 用人先察其德

**原文**

不察其德，非识人也。

**白话**

不能洞察一个人的品德，就不叫懂得识人。

**案例**

### 唐太宗识马周

马周是唐太宗时期的经世名臣，他出身农民家庭，早年生活贫困，但勤奋好学、才华横溢。他曾是常何府中的门客，常何发现马周不仅学识渊博，而且见解独到，于是时常将朝中之事与他一起讨论。唐太宗询问常何对政事的看法时，常何便引述马周的观点。这些观点往往切中时弊，深得唐太宗的赞赏。唐太宗怀疑常何没有这样的才能，询问他，他如实相告。唐太宗通过常何了解到马周的为人和才能，决定召见马周。

在召见过程中，唐太宗与马周进行了深入的交谈，他发现马周不仅学识渊博，而且思维敏捷，对国家大事有着清晰的判断和独到的见解。更重要的是，马周为人正直，不阿谀奉承，敢于直言进谏，这种高尚的品德深深地打动了唐太宗。于是，唐太宗决定重用马周。

马周被唐太宗提拔后提出了很多治国良策，都被唐太宗采纳。不久之后，马周便升任治书侍御史，兼知谏大夫。不仅如此，马周还深谙治理之道，政绩斐然，并且始终保持融洽的君臣关系，深得唐太宗信任。可以说，唐太宗之所以能成就"贞观盛世"，与马周的谏言有着密不可分的关系。

评价某人须兼顾其行为表现与内心世界，进行深度洞察，以辨识其道德品质。尽管才华与能力不可或缺，但若缺乏高尚的道德做基础，其成就终将存在危机，难以长久维持。因此，不深入探究一个人的道德品质，便无法全面了解其本质。然而，人的道德品质犹如深埋的珍宝，不易一目了然，故而识人不能仅限于表面，必须深入探究其内在的品质。若仅依据表象做出判断，容易产生误解，甚至可能造成严重的失误。

识人的能力并非仅凭经验与观察所能获得的，我们要不断加强个人修养，提升思想层次、知识水平和理论素养，同时还应树立仁爱与公正之心，以更全面、客观、公正的视角审视每一个人。

# 弃贤亦非大德

识而勿用，非大德也。

**白话**

能够识别贤能之人却不加以任用，这并不是真正的大德。

## 唐玄宗与宋璟

　　"开元盛世"的辉煌成就离不开唐玄宗初期的贤明政策。然而，随着宫廷斗争的加剧，唐玄宗在后期逐渐偏离了初心，其显著的表现便是他对贤相宋璟的冷落。初时，唐玄宗对宋璟深信不疑，凡宋璟所陈之良策，他皆能虚心纳谏，并将其付诸实践。在宋璟的鼎力辅佐下，唐朝迎来了"开元盛世"的辉煌篇章。那时，唐玄宗亲贤远佞，大唐政治清明，堪称盛世。然而，好景不长，随着国家步入平稳期，朝堂之上贪腐之风渐起，唐玄宗亦渐生懈怠之心，沉迷于享乐之中，对奸佞之臣偏听偏信，唐朝的政治生态悄然间发生了逆转。而宋璟正直清廉、奉公守法，成了权贵们的眼中钉。他在朝廷中得罪了不少人，最终不幸落入小人的圈套，以悲剧收场，真是令人扼腕叹息。

　　唐玄宗晚年的失误不仅是他个人的遗憾，更是唐朝乃至整个中国历史上一个沉痛的教训。帝王在应对错综复杂的宫廷斗争时，必须保持头脑清醒，不被短期利益所蒙蔽，坚持选拔和任用贤能之士。

　　一个王朝的兴衰成败往往与君主是否能够坚持重用人才息息相关。唐玄宗因贪图享乐，听信谗言，未能坚持任用贤能之士，导致唐朝后期社会矛盾激化，国力衰退。这是唐玄宗的遗憾，也是后世领导者要深刻反思的历史镜鉴。

**心得**

识别人才是领导者的关键技能，它要求领导者要具备敏锐的洞察力和精确的判断力。然而，仅仅具备识别人才的能力是不够的，真正的大德在于能够知人善用，使他们的才华在合适的岗位上得到最充分的展现，并为国家创造更大的价值。正如刘备三顾茅庐邀请诸葛亮出山，此后一生对其委以重任，不离不弃，这不仅展示了刘备的识人之明，更彰显了他对人才的尊重。相反，如果因为个人的偏见或私欲而错失贤才，那就是对国家不负责任，绝非德行高尚的行为。

# 贫者忠心可贵

**原文**

贫者勿轻，其忠贵也。

**白话**

不要轻视贫穷的人，他们的忠诚品质尤为宝贵。

**案例**

### 到彦之：从挑粪少年到忠诚名将

到彦之出身贫寒，早年以挑粪为生。然而，正是这样一个微不足道的少年，却成长为南朝宋时期功勋卓著的大将。

尽管面临困境，少年时期的到彦之并未沉溺于自怜，反而更加勤奋学习，立志为国效力。隆安三年（399），他投奔了同样出身贫寒却已开始崭露头角的刘裕。因为有相似的出身背景，他们彼此惺惺相惜。到彦之成为刘裕麾下的一员勇将，共同经历了无数生死考验。在刘裕的领导下，到彦之积极参与了平定五斗米道的孙恩起义、桓玄之乱等重大战役，屡次立下奇功。他的军事才能和忠诚品质逐渐受到认可，从镇军行参军一路晋升至广武将军。随着刘裕建立南朝宋，到彦之的才能有了更广阔的施展平台。他镇守荆州，稳定后方，成为刘裕的得力助手。然而，权力斗争永无止境，到彦之也多次被卷入政治旋涡，但他始终坚守忠诚。在与权臣徐羡之、谢晦等人的斗争中，他更是表现出色，最终帮助刘义隆清除异己，巩固了皇位。

元嘉七年（430），到彦之以主将身份领兵北伐，收复了洛阳、滑台等地。尽管因天气、粮草等问题，北伐最终失利，但他的战略眼光和坚韧不拔的精神仍被传为南朝宋军事史上的佳话。北伐失利后，到彦之并未因此消沉，反而更加谦逊自省。元嘉八年（431），他再次被起用为护军将军。次年，他推辞了恢复封地的恩赐。元嘉十年（433），到彦之病逝，刘义隆念其忠诚与苦劳，将其追谥为"忠公"。

到彦之以卓越的军事才能和忠诚的品质赢得了后世的敬仰，他的成功不仅是个人的荣耀，更是对后人的激励和鞭策，也是对忠诚与勤奋精神最好的诠释。到彦之的成功经历启示我们：无论出身如何，只要保持对生活的热爱和对未来的希望，勤奋学习，坚守忠诚与信仰，就能在逆境中崛起，实现自己的人生价值。

**心得**

孟子曾言："贫贱不能移。"此言确实不假。

在社会的各个层面，有一些人尽管出身寒微，却依然坚持追求理想，坚守信念。这些在物质上贫困的人没有华美的服饰，没有显赫的背景，但他们内心的忠诚与坚韧的品质是无价之宝。

贫困的人往往更能深刻感受到生活的艰难与不易，因此他们更加珍惜每一次机会，更加懂得感恩与回馈。他们的忠诚品格是在逆境中锻造的，是在艰难困苦中依然坚守的。这种忠诚品格就像未经雕琢的玉石一样质朴无华，却蕴含着无穷的力量和价值。

# 贱者义气尤深

贱者莫弃，其义厚也。

不要嫌弃地位卑贱的人，他们的义气何其深重。

**案例**

## 薛仁贵与王茂生的义气之交

王茂生，唐贞观年间人，是薛仁贵未得志时的同乡好友。在薛仁贵困顿之时，王茂生常常伸出援手，给予他物质上的接济和精神上的支持。这份深厚的友情在薛仁贵心中留下了不可磨灭的印记。太宗时，薛仁贵应募从军攻高丽，凭借卓越的军事才能和英勇的战斗精神升为右领军中郎将。一时间，薛仁贵声名显赫，前来送礼祝贺的文武大臣络绎不绝。薛仁贵婉言谢绝了所有的重礼，唯独收下了王茂生送来的"美酒两坛"。然而，执事官打开酒坛时，却发现里面装的并非美酒，而是清水。面对这一尴尬场景，众人皆感惊讶，认为王茂生是在戏弄薛仁贵。然而，薛仁贵却不这么认为，他命人取来大碗，当众一饮而尽。饮毕，薛仁贵深情地说："我薛仁贵昔日落难之时，全仗好兄弟王茂生慷慨相助，才得以渡过难关。今日我虽加官晋爵，但心中始终铭记好兄弟王茂生的恩情。这清水虽淡，却代表了他的一片真心和深厚的情谊。这就叫君子之交淡如水，是我最为珍视的礼物。"

薛仁贵以谦逊感恩、重情重义赢得了世人的尊敬和赞誉，他与王茂生的君子之交更是后世传颂的佳话。薛仁贵与王茂生的故事告诉我们：真正的友情不应因地位、财富等外在因素的变化而变质。我们应该像薛仁贵一样，始终珍惜那些在自己困难时期给予我们帮助和支持的人，不忘初心，珍视和坚守诚挚的情谊。

### 心得

无论在顺境或逆境，我们都要以情义为重，这是成大事者必不可少的品质。然而，我们以傲慢的眼光审视周围时，往往忽略了平凡中蕴藏的美好。比如：一个默默无闻的朋友，可能在关键时刻给予我们最有力的支持；一本看似普通的书，可能包含着能改变我们命运的智慧；一次失败的尝试，可能让我们学会坚持并得以成长……

因此，以平等的视角看待一切，不轻易忽视任何看似不起眼的人、事、物，是我们应当追求的智慧与修养。

# 明主誉人自誉

予人荣者，自荣也。

给予他人荣誉，自己也会因此得到荣誉。

**案例**

## 唐太宗与凌烟阁二十四功臣

唐太宗李世民以卓越的文治武功和开明的治国理念开创了"贞观之治"的盛世局面。他深知人才对国家的重要性，因此在位期间不仅广开才路、重用贤能，还通过设立凌烟阁表彰开国功臣。凌烟阁位于唐朝皇宫三清殿旁，是唐太宗为纪念开国功臣而建的。贞观十七年（643），唐太宗命阎立本在凌烟阁内描绘了二十四位功臣的画像，并亲自作赞，以示表彰。这二十四位功臣既有跟随他南征北战的武将，如李靖、尉迟敬德等，也有运筹帷幄的文臣，如房玄龄、杜如晦等。他们共同为唐朝的建立和繁荣立下了汗马功劳。凌烟阁二十四功臣的事迹被后人广为传颂，成为激励后人奋发向上的精神力量。

唐太宗设立凌烟阁，不仅表达了对功臣们的感激之情，更向世人展示了他的英明与仁德。这一举措极大地激发了功臣们的忠诚与热情，也赢得了天下士人的敬仰与归心。同时，唐太宗自己也因这一举动而获得了更高的威望，成为后世帝王学习的楷模。

唐太宗这一举措不仅巩固了唐朝的统治基础，也促进了国家的繁荣与昌盛。在他的治理下，唐朝经济繁荣、文化昌盛、疆域辽阔，成为当时世界上最强大的国家之一。

**·心得·**

《孟子》有言："爱人者，人恒爱之；敬人者，人恒敬之。"

那些乐于助人、甘于奉献的人，最终不仅赢得了他人的尊敬与感激，更在无形中提升了自身的价值与地位。这是因为我们以真诚和善意去帮助他人取得成功、获得荣誉时，自身也在这个过程中得到了成长与升华。这种精神层面的富足与满足是任何物质财富都无法比拟的。

那些胸怀宽广、乐于提拔后进、给予他人荣耀的先贤，往往也为自己赢得了后世的敬仰与传颂。他们的行为不仅彰显了高尚的人格魅力，更为后世树立了光辉的榜样。

# 昏主辱人自辱

予人辱者，自辱也。

侮辱别人的人最终会自取其辱。

## 袁绍与官渡之战

东汉末年，田丰作为袁绍的重要谋士，多次为袁绍出谋划策，助其稳固基业。官渡之战前夕，刘备突袭了徐州刺史车胄，占领了沛县，背叛了曹操。曹操随即亲自率领大军征讨刘备。面对这一局势，田丰向袁绍进言："与您争夺天下的主要对手是曹操。如今曹操正远征刘备，双方的战斗不可能迅速结束。这正是我们调动全部兵力，趁机袭击曹操后方的绝佳时机。"然而，袁绍以儿子生病为由拒绝了田丰的提议。田丰失望地叹息道："唉，大势已去！"袁绍听闻此言后十分愤怒，从此开始疏远田丰。

曹操担心袁绍会趁机渡过黄河，因此加大力度攻打刘备，不到一个月便将他击败。刘备无奈之下投奔了袁绍，袁绍这才决定进军许县。田丰认为既然错失了先前的良机，目前不宜轻率出兵，于是劝阻袁绍说："曹操已经击败了刘备，许都已不再空虚。曹操擅长用兵，即使兵力不多，也不可轻视。现在我们不如采取长期坚守的策略，使敌人疲于奔命。不出两年，我们便能坐享其成。"袁绍对田丰的劝谏嗤之以鼻，认为这是对自己的质疑和侮辱，一气之下将他囚禁起来。

田丰被囚后，袁绍遭遇了官渡之战的惨败。在逃亡的路上，袁绍回忆起田丰的忠告，不禁悔恨交加。然而，他害怕田丰会嘲笑自己的失败，更担心田丰的存在会威胁到自己的权威。于是，袁绍又派人到狱中杀害了田丰。

袁绍因一时之怒而背弃田丰，最终导致了官渡之战惨败。他的行为不仅让他失去了众多忠诚的部将和谋士的支持，也让他在天下人面前失去了信誉和尊严。

袁绍的失败启示我们：领导者若不尊重人才，纳谏如流，最终只会走向失败。我们遇到不同的声音时，不要急于否定或打压，而是要认真思考其中的合理之处，并加以吸收和采纳。只有这样，我们才能不断完善自己，避免重蹈覆辙。

世间之事因果循环，报应不爽。我们以轻蔑、侮辱的态度对待他人时，不仅伤害了对方的尊严，也无形中给自己种下了恶果。侮辱他人时看似获得了一时的快意，实则是在为自己的人生之路铺设荆棘。它不仅会损害我们的人际关系，还会让我们的心灵变得狭隘与阴暗。

真正的智者懂得尊重每一个人，无论其地位高低、财富多寡，都能以平等和包容的心态相待。因为他们明白给予他人尊重就是给予自己尊严，而侮辱他人最终只会陷入自取其辱的境地。

# 怨者亦可堪用

怨不及慎矣。

白 话

抱怨、怨恨他人不如谨慎地利用他人的长处。

# 魏徵：从"污点臣子"到最猛谏官

唐太宗李世民是唐朝第二位皇帝，同时也是杰出的军事家、书法家、诗人。在其治下，大唐帝国繁荣昌盛，这离不开他身边一群敢于直谏的臣子，其中尤以魏徵最为著名。魏徵过去是太子李建成的谋士，曾经建议李建成早点除掉李世民。玄武门事变后，李建成被杀，李世民登基称帝。魏徵多次直言不讳地指出李世民的过失，甚至有时言辞激烈，让李世民颇为不悦。然而，李世民并未因此怨恨魏徵，反而以更加谨慎的态度听取其谏言，并认真反思自己的不足。如在《谏太宗十思疏》中，魏徵系统地提出了君主应有的十项反思，内容涵盖了治国理政的方方面面，言辞恳切，直指时弊。

面对直言不讳的魏徵，唐太宗胸襟宽广，展现出高超的政治智慧。唐太宗没有因为魏徵曾经谏言除掉他而怨恨魏徵，更没有选择报复，而是以一种谨慎而开放的态度去接纳魏徵，并从魏徵的谏言中汲取精华，不断修正自己的决策与行为。很快，唐朝渐渐昌盛起来。因为谨慎用人与对谏言审慎接纳，唐太宗赢得了从谏如流的美誉，也为大唐帝国的繁荣奠定了坚实的基础。

唐太宗与魏徵等臣子默契配合，不仅避免了因唐太宗个人失误而导致的国家动荡，更推动了唐朝政治、经济、文化的全面发展，创造了中国历史上一个辉煌的盛世。

·心得·

社会是个大舞台，每个人都是独一无二的演员，各有所长，亦各有其短。面对他人的不足与失误，我们往往容易陷入抱怨的旋涡，却忽略了更为重要的一点，即如何智慧地运用每个人的长处，以实现共同的目标。与其在无休止的抱怨中耗费精力，不如以更加审慎的态度去发现和利用他人的优点，从而优化团队效能，促进共同进步。

# 君臣篇

## 显达勿共富贵

### 原文

同欢者寡，贵而远离也。

### 白话

愿意与他人分享快乐的人极少，朋友变得富贵就要渐渐疏远了。

### ·案例·

#### 权柄之下，情谊成空

朱元璋出身寒微，历经艰难困苦，最终推翻元朝，建立大明王朝。他登基为帝后，将各地封给了自己的儿子去镇守，以拱卫中央；对昔日的战将们，他虽然给封爵了，但并没有赐予封地，让他们没有能力和朝廷抗衡。即便如此，朱元璋还是不放心，为了确保大明江山的稳固，他采取了极端手段，对昔日并肩作战的功臣们展开了残酷清洗。朱元璋在巩固皇权的同时，也亲手埋葬了他与这些功臣们共同度过的岁月和情谊。

朱元璋若能在巩固皇权的同时更加珍惜与功臣们的情谊，或许能避免那一场场悲剧发生。然而，历史没有如果，朱元璋的选择注定要成为后人评说的焦点。

朱元璋成功地将皇权牢牢掌握在自己手中，但他成功的背后是无数功臣的鲜血和生命。他虽成就了一代霸业，却失去了与旧友共同欢笑的机会，成为孤家寡人。他以铁腕手段清除异己，确保了大明王朝的稳定，但同时也留下了残酷无情的骂名。

常言道："共患难易，同富贵难。"经历苦难时，人们往往能够团结一致，而共享幸福和成功却显得格外困难。如果一个人拥有的财富和资源越来越多，他会对失去这些东西感到极度的恐惧。而且，随着地位的提升，他的社交圈子也会改变，新的圈子会吸纳新的成员，而这些新成员往往并不了解他在困顿时期窘迫和狼狈的经历。因此，那些曾经与他共患难的人会逐渐被疏远，以便与过去的社交圈子做出切割。

那些取得了巨大成就的人并不愿意自己的光辉形象被过去的落魄和颓唐模样所掩盖。因此，那些曾经见过他们最脆弱、最不光彩一面的旧友，在他们看来就显得格外刺眼。这些人可能会成为他们想要摆脱过去的一部分，因此，他们会选择与这些人保持距离，以维护自己的形象和地位。

# 卑微当共患难

**原文**

共难者众，卑而无间也。

**案例**

## "布衣将相"的崛起

刘邦出身农家，早年并不显赫。但在秦末农民起义的浪潮中，他凭借卓越的领导才能和包容并蓄的心态，吸引了一批出身卑微但才华横溢的将领和谋士，如萧何、韩信、陈平等。他们背景各异，但都成为跟随刘邦打天下的功臣，史称"布衣将相"。在刘邦的领导下，这些人才紧密合作，共同面对秦军的强大压力和楚汉争霸的复杂局势。他们当中有的擅长治国理政，有的精通兵法战略，有的擅长外交游说，各自发挥特长，为刘邦建立汉朝贡献了巨大的力量。

刘邦的成功很大程度上得益于知人善任、不拘一格的用人之道。他能够识别并重用那些身份卑微但才华横溢的人才，给予他们充分的信任和施展才华的空间。同时，他还能营造一种平等、包容的团队氛围，让每个人都能感受到自己的价值，进而产生归属感，激发出更强的凝聚力和战斗力。

在刘邦及其"布衣将相"的共同努力下，他们成功推翻了秦朝的暴政，打败了项羽等强敌，建立了汉朝。刘邦在位期间采取了一系列有利于国家发展的政策措施，如休养生息、轻徭薄赋等，使汉朝国力大增，为后世的繁荣奠定了坚实的基础。

　　我们常说"同甘共苦"，但实际上，"共苦"的人要远多于"同甘"的人，这是由于人们身份卑微时力量薄弱，更需要紧密相依。

　　真正能在逆境中不离不弃的朋友尤为珍贵。这些人在你遭遇挫折、陷入低谷时，非但不离你而去，反而主动靠近，用他们的温暖和支持，为你筑起一道坚固的防线。他们或许没有显赫的身份，没有华丽的言辞，但他们在你最需要帮助的时候，愿意放下手头的一切，伸出援手，与你一同面对风雨。他们如同黑暗中的灯塔，为你指引方向，给予你前行的力量，因此，要珍惜这些在逆境中不离不弃的朋友。他们是你人生中最宝贵的财富，是你能够在风雨中继续前行的动力源泉。

# 上宽下忍无间

　　　上无度失威，下无忍莫立。

**白话**

　　上司没有度量容人，就会失去威信；下属不能忍受屈辱，就难以立足。

# 娄师德宽厚待人

娄师德是唐朝一位杰出的宰相，他为人宽厚，史书多有记载。娄师德的弟弟被任命为代州刺史，临行时，娄师德告诫弟弟，说娄家太过荣宠，会招人嫉妒，处理不好会有性命之忧。弟弟便说以后有人朝他吐口水，他擦干就是，绝不还嘴。娄师德提出若有人朝弟弟脸上吐口水，不应擦掉以示不满，而应笑着接受，让唾沫自然风干。

有一次，娄师德与同僚李昭德一同上朝。娄师德由于身体肥胖，步伐缓慢，李昭德多次驻足等待，但娄师德仍旧无法跟上。李昭德终于忍不住生气地骂道："你这个乡巴佬儿！"对此，娄师德只是微笑着回应："如果我不是乡巴佬儿，那谁又是呢？"

司马光在《资治通鉴》中对娄师德有高度评价，称其"宽厚清慎，犯而不校"。意思是说，娄师德为人宽厚、为官清正、做事谨慎，别人即使冒犯，他也从不报复。

娄师德生活在李唐与武周交替的动荡时期，面对酷吏的构陷和朝野中因言获罪的普遍现象，他保持着宽厚的气度和喜怒不形于色的性格。在朝廷任职期间，他行事极为谨慎。他对弟弟"唾面自干"的规劝被传为美谈，也反映出当时官场环境的险恶程度。在武周统治时期，娄师德能够安然度过一生，实属难得。

## 心得

宽容和忍耐的核心都在于胸怀。容和忍本为一体，只是由于身份差异，表述往往截然不同。常言道："宰相肚里能撑船。"这意味着领导者要胸怀宽广，能够包容他人和各种事务。

有些领导者仅仅因为下属的性格、脾气、爱好甚至一些微不足道的生活习惯与自己的期望不符，便急切地想要排除异己，如此缺乏包容心必然会错失人才，从而丧失成就伟大事业的基础。

下属胸怀宽广主要体现在面对困难和挑战时，能够忍辱负重；如若不能，便会在困境中轻易动摇，错失成长的契机。要想成就一番事业，就必须在逆境中磨砺自我，将每一次挑战视为成长的阶梯，具有坚韧不拔之志，展现非凡的胸襟与气度。

# 公事就事论事

## 原文

事不揽功，人不揭私，过不护己。

## 白话

在进谏或陈述意见时，应实事求是，不争功、揽功；谈到他人时，不应当揭露或利用他人的隐私；面对过错，不应护短遮掩，而应勇于承认并改正。

## 案例

### 房玄龄私下谏太宗

唐太宗李世民在位期间国家昌盛，但他偶尔也会因为个人情感或偏见，对某些官员产生不满情绪。有一次，太宗听闻杜如晦这位重臣的私生活不检点，因而心生不悦，打算在朝会上对他进行公开批评。房玄龄得知后，认为此举不妥，决定规劝太宗。

房玄龄选择了一个合适的时机，单独面见太宗，以诚恳的态度说道："陛下圣明，洞察秋毫，但是臣以为，治理国家当以大局为重，不拘小节。臣听说陛下想批评杜如晦大人的隐私，这件事要是公之于众，恐怕不但无益于朝政，反而容易生出是非，损及陛下的仁德。臣斗胆建议，陛下可以私下召见杜如晦大人，晓以利害，让他反省改过。这样既保全了陛下的仁德，又维护了朝廷的和谐。"

太宗听后，深以为然，遂采纳了房玄龄的建议。他私下召见了杜如晦，两人进行了深入的交谈，最终杜如晦认识到了自己的错误，并主动请罪改过。

房玄龄避私而谏，不仅避免了因公开批评可能引发的纷争与猜疑，还维护了太宗仁德的形象与朝廷的和谐稳定。

在现代社会，对隐私的保护显得尤为重要。在讨论公共事务时，我们必须秉持对他人隐私的尊重。同样，在工作环境中，我们也应当极力避免将个人恩怨或隐私事务带入其中。在高效运作的团队，其成员务必学会将工作与个人生活明确区分开，以确保团队的整体效能不受影响。

**·心得·**

在封建时代，君臣关系微妙而复杂，特别是臣子上谏君王，稍不留神便可能触犯龙颜，因此必须格外小心。而在君臣关系的博弈中，人们最容易犯的三个错误就是争功、揭短和护短。进谏乃国家大事，应当秉持忠诚与正直之心，以理服人，而非以百般借口满足自己的虚荣心理。

现代职场人的交流沟通也可以从古代的君臣关系中吸取教训。从某种角度来说，上下级之间的沟通可以借鉴古代君臣的沟通方式，在讨论具体事务时就事论事，不可将事件的矛盾转嫁到对他人的评判上，这样才能控制事态的发展，从而维护团队内部的和谐。

# 赏誉不可轻率

原文

赏誉勿轻，轻则誉贱，贱则无功也。

白话

对他人的赞誉不可太轻率，轻率就会导致荣誉贬值，荣誉贬值就失去功效了。

案例

## 王莽滥赏失策

西汉末年，王莽篡汉自立，建立新朝。他在统治初期，为了笼络人心、巩固政权，无论是亲信、功臣还是地方豪强，皆不吝赐予高官厚禄与各种荣誉，获得公、侯、伯、子、男各级爵位的人众多。无论什么人，只要能博得王莽的欢心，就能提升品秩或地位，甚至直接从社会底层跃入贵族阶层。

王莽滥加封赏，不仅使得真正有功之臣感到不公，也大大降低了荣誉在民众心中的价值。许多人开始追求虚名而非实绩，社会风气因此败坏。如果王莽能够在赏赐时设立明确的功绩标准，并且公正无私地执行，那么荣誉的稀缺性将得以保持，人们也会更加珍视荣誉，从而激励他们为国家做出更大的贡献。

王莽的滥赏政策非但没有加强其统治，反而加速了新朝的崩溃。民众对荣誉轻视导致了社会凝聚力下降，加之政治、经济矛盾激化，最终引发了大规模的起义。王莽的新朝在内外交困中迅速土崩瓦解，成为历史上一个短命的政权。这一教训深刻地说明：荣誉应与个人的实际贡献相匹配，确保每一份荣誉都具有其应有的重量和意义。

赏誉之重应与功绩相称，若轻易给予，不仅不能激励他人，反而可能引起误解和轻视。

在封建时代，功名是君王统御臣民的手段，可以让人舍生忘死，关键之处在于它难能可贵，不可轻易获得。如果当权者不能论功行赏，而是凭借亲疏关系私相授予，那么不仅受誉之人不知感恩，连世人也会轻视荣誉，更无人为当权者效力了。

论及当今社会，荣誉具有稀缺性，需要坚定的毅力和不懈的努力才能获得时，便能够激发人们的潜能，让人们不断超越自我，追求更高的目标。一旦荣誉唾手可得，人们便不再视其为珍宝，从而丧失追求卓越的热情。

# 受誉须知谦让

**原文**

受誉知辞，辞则德显，显则释疑也。

接受荣誉时要懂得辞让，辞让能彰显品德，品德彰显能消除猜疑。

## 案例

### 王导辞相

王导出身魏晋名门琅琊王氏，他助司马睿南渡登上帝位，建立东晋。在登基庆典上，司马睿让王导并排坐下，以彰显其功勋。王导辞让说："如果太阳也和大地万物一样，那么老百姓该到哪里沐浴光辉呢？"随着东晋政权的稳固，司马睿试图削弱王氏的势力。王导的堂兄王敦因此发动叛乱，王导主动率族中子弟到台阁处领罚，司马睿因王导的忠诚而宽恕了王氏族人。不久，司马睿忧愤而死，晋明帝司马绍继位，王导辅政。王敦以为有机可乘，领兵向京师逼近。王导坚决反击，平定叛乱，并因功被封为始兴郡公，特许剑履上殿，入朝不趋，赞拜不名，但王导坚决推辞。晋成帝司马衍即位后，下诏赐祭品于王导，并免其下拜之礼，王导推辞不受。后来，王导请辞相位，司马衍下诏引咎自责，勉其留任。王导坚决推让，司马衍数次下诏恳请，王导才继续执掌朝政。司马衍对王导极为尊敬，及至王导病逝，全国举哀三日。

王导在权力与地位面前始终以退为进，以维护君臣和谐，巩固朝政稳定。他深知高位与殊荣会带来麻烦与猜忌，因此多次主动辞让，以示忠诚。

王导一生都在为东晋政权的稳固与发展默默奉献。他谦逊且无私，不仅赢得了朝野上下的尊敬与爱戴，更在史册留下了浓墨重彩的一笔。

获取荣誉既是珍贵的机遇，也是严峻的考验。古代礼仪规定：帝王登基时通常以"三辞三让"来展示其谦逊和合法性；而大臣接受封赏时若坦然接受，不仅可能引发帝王的疑虑，亦会招致同僚的非议。

同理，在职场中，即便下属再优秀，在接受奖励时，亦不可忘却对上级的尊重与敬意。否则，此等行为或将被视为野心勃勃而招致猜忌和戒备。而在同事之间，有人若因功自满、傲慢待人，则将难以得到他人的信任，也会引发别人的反感与抵触，甚至可能激起别人的破坏性行为。

# 上下保持距离

## 原文

上下知离，其位自安；君臣殊密，其臣反殃。

## 白话

上级与下级之间保持适当的距离，各自的地位就能稳固；君主与臣子关系过于亲密，臣子反而会遭遇不幸。

## 案例

### 主父偃：从寒门士子到权臣末路

主父偃是齐地临淄人，早年求学无门，生活困顿。他遍访名家，虽屡遭白眼，却坚定了以学识改变命运的决心。他初至长安上书，即受汉武帝青睐，从此踏上仕途。主父偃入仕后提出的削藩策略"推恩令"，不仅有效削弱了诸侯王的势力，还巩固了中央集权。此外，他还力主迁徙豪强以充实京畿，并提出尊立卫子夫为后等建议。这些举措均深得汉武帝赞赏。短短一年内，主父偃四次升迁。然而，随着权势日盛，主父偃逐渐迷失了自我，他错误地认为与汉武帝的亲密关系足以让他为所欲为。他开始涉足皇族内部的纷争，甚至利用职权逼迫齐王自杀。他还大肆收受贿赂，结党营私。这些行为不仅让其他大臣感到不安，也让汉武帝对他产生了戒备之心。当主父偃因为揭发燕王的隐私而得罪赵王时，他的末日已经悄然降临。

赵王趁主父偃离京赴任齐相之机，上书揭发其罪行。汉武帝初时虽犹豫，但在公孙弘的劝谏下，最终决定将主父偃诛族，一代权臣就此陨落。主父偃的悲剧是他自己亲手酿成的。他因过于自信而忽视了与皇帝应有的距离与界限，最终落了个悲惨的结局。

主父偃若能恪守臣子的本分，不越雷池，或许能避免最终的悲剧。他应当时刻提醒自己，无论与皇帝的关系多么亲密，都应保持适当的距离，以保障自身的安全。

## 心得

古语有云："伴君如伴虎。"此言非虚。

君臣虽应相互信任，但亦须保持适当的距离与分寸。如果君臣关系过于紧密，臣子易因过于亲近而失于谨慎，甚至可能因卷入宫廷斗争的旋涡而遭受无妄之灾。历史上不乏因为过于接近权力中心而招致不幸的臣子，他们或因被君主猜忌，或因卷入复杂的政治斗争，最终落得身败名裂的下场。

在人际关系中，尤其是权力结构复杂的职场环境中，上下级保持适度的距离是至关重要的。这不仅能够维护权力的平衡，还能促进组织的健康运行。明智的领导者懂得如何在亲密与疏远之间找到恰当的平衡点，以确保自身地位稳固，同时又能激发团队的活力。

御忠第六

# 得失篇

## 身安可谓无失

原文

大失莫逾亡也，身存则无失焉。

白话

人所能失去的莫过于生命，只要生命尚存，失去的一切就能重新获得。

·案例·

### 彭城之战后刘邦的逆袭

楚汉争霸期间，刘邦抓住项羽主力被田横牵制在齐地，西楚首都彭城防御空虚的良机，率领联军迅速攻占了彭城。刘邦踌躇满志，认为项羽的退路已被切断，反击无望。因此，他与联军的诸侯沉溺于暂时的胜利之中，日日举办宴会，纵情声色，尽情享受胜利的果实。项羽在得知刘邦占领彭城后，迅速集结了三万精锐骑兵，奇袭了刘邦联军。在这场战役中，项羽的军队斩杀汉军十余万人，汉军南逃至睢水，又被赶下睢水十余万。刘邦本人也被楚军包围，幸亏一场突如其来的风暴直扑楚军，他才得以带着数十名随从突围而出，可谓败得狼狈不堪。这一战对刘邦而言，无疑是人生中最大的挫折。

然而，这次惨败成为他重新崛起的转折点。

退守下邑的刘邦面对联盟解体、大军覆灭的绝境，没有沉溺于失败的沮丧与悔恨之中，他深知"留得青山在，不怕没柴烧"的道理，迅速调整心态，积极寻求破局之策。张良及时提醒，让他意识到必须联合更多力量，方能战胜强敌。于是，他拉拢英布、彭越等诸侯，并重新起用韩信这位军事奇才。这三股力量的加入极大地增强了汉军的实力。刘邦随后成功击退了楚军的追击，稳定了战局。

楚汉争霸的相持阶段持续了一段时间后，在韩信的率领下，汉军全线告捷，彻底击败了项羽，建立了汉朝。彭城之战惨败，刘邦失去了许多，但他深刻反思，从而走上了更加稳健的复兴之路。刘邦从彭城之战的惨败中崛起，不仅展现了他卓越的领导才能和坚韧不拔的精神，更证明了生命中伟大的光辉在于坠落后总能再度升起。人生无论遭遇多大的失败与挫折，只要保持生命存续和内心坚韧，就有机会重新站起来，绽放出更加耀眼的光芒。

### ·心得·

在我们的一生中，可能会遭遇无数的挫折与失败，财富、地位、名誉都有可能失去。然而，与生命消逝相比，这些都不过是微小的波澜。生命的宝贵不仅在于它不可复得，更在于它赋予我们思考、感知和创造的能力。只要生命之火未熄，希望之光便存在。无论生活多么艰难困苦，只要我们能负重前行，就有机会扭转乾坤。

每一丝黎明的曙光都是一个崭新的起点，它提醒我们：无论昨夜多么痛苦，新的一天会带来新的希望。面对生活的挑战，我们要有坚韧不拔的精神和积极向上的态度，坚信只要一息尚存，就一定有机会修正错误，重新踏上成功的征途。

# 失命则无所得

**原文**

大得莫及生也，害命则无得焉。

**白话**

　　人最大的收获莫过于生命本身，一旦生命终结，得到的一切都将化为泡影。

**案例**

## 诸葛亮积劳成疾

　　诸葛亮被誉为"智圣"，其以卓越的才能和无私的奉献为蜀汉政权立下汗马功劳。政治上，他推行法治、发展经济、改善民生，使蜀汉成为三国中相对稳定的国家；军事上，他多次北伐中原，虽未能使蜀汉完全统一中国，但展示了卓越的军事才能和战略眼光。同时，诸葛亮还是一位文学家和书法家，《出师表》等作品至今仍被传颂。然而，长期的劳累和过度的操心使诸葛亮积劳成疾，最终病逝于五丈原，享年仅五十四岁。

　　诸葛亮一生勤勉不懈，鞠躬尽瘁，直至生命的最后一刻。若他能平衡得失之心，在繁忙的政务与军事活动之余注重身体的调养，或许能够避免"出师未捷身先死"的悲剧。

　　诸葛亮早逝，蜀汉失去了一位杰出的领导者，无数后人为之叹息。诸葛亮的辉煌成就与未竟事业都随着他的生命终结而化为泡影。他的才华、智慧虽然通过其遗留下来的作品得以延续，但他终究未能亲眼见证后世的兴衰荣辱，实属遗憾。

·心得·

　　无论我们身处何境，拥有何等财富与地位，生命的存续始终是一切价值的源泉。生命消逝不仅意味着个体的终结，更是对无限可能性的扼杀。

　　生命很宝贵，我们应当认识到生命的价值，尊重和保护生命，创造无限可能。因此，我们不单单要追求事业成功，也要珍惜与家人、朋友的情谊，保持身心健康，培养兴趣爱好，珍惜生命，热爱生活。

# 强者不予则失

**原文**

强者不予，得而复失。

**白话**

　　如果强势的人不懂得施与，那么目前所得到的一切将来会渐渐失去。

**案例**

## 董卓的独断与败亡

　　董卓是东汉末年的权臣，掌控朝廷大权，嚣张跋扈。他废立皇帝，专横独断，对待百姓和士族更是残酷无情、肆意掠夺。他自恃武力强大，以为可以永远控制局势，却忽略了人心向背。

不久，董卓的暴政激起了天下人的愤怒。各地诸侯纷纷起兵反抗，百姓也对他恨之入骨。最终，在王允等人的策划下，董卓被吕布所杀，其家族也被诛灭。

若董卓能在权势鼎盛之时以仁政治理国家，以宽厚之心对待百姓和士族，或许能够赢得更多的支持和尊重，从而稳固自己的地位。然而，他却因自己的暴虐和自私而走向了灭亡。

董卓作为一代枭雄，落得个身死族灭的下场。他的故事告诉我们：不懂得给予、尊重他人且不能以仁德治国的人，无法赢得人民的拥护。

### 心得

在职场或个人生活中，那些处事强势的人往往决心坚定、行动果断，能够迅速克服障碍，在短期内达成目标。然而，若要保持长久的成功，单靠强势是远远不够的。

倘若一个人只专注于追求个人利益，不愿与他人分享和合作，那么他可能会逐渐丧失周围人的信任和支持。孤立无援的人最终可能走向失败，所有成就也可能付诸东流。相反，那些愿意助人、乐于分享的人，往往能够构建起一个稳固而强大的人际网络。在这个网络中，他们能够获取宝贵的信息、丰富的资源以及各种形式的帮助，这些都是推动个人成长和成功的关键因素。

# 弱者不予难成

弱者不予，失之难测。

如果处于劣势的人不懂得施与，那么将来的损失就难以预测。

**·案例·**

## 朱元璋的联盟策略

朱元璋，原名朱重八，出生于元朝末年一个贫苦的农民家庭。因家境贫寒，他自幼便给地主放牛。后来父亲、兄长、母亲相继去世，他流落为乞丐，也做过行僧，饱尝人间冷暖。在元末农民起义的浪潮中，朱元璋看到了改变命运的机会，投奔了郭子兴领导的红巾军。在红巾军中，朱元璋凭借勇猛与机智，逐渐得到郭子兴的赏识和重用。朱元璋从不独享战利品，而是公平分配，让每一位士兵都能感受到胜利的喜悦。同时，对于有能力的人才，他总是不吝重用与奖赏，这极大地激发了士兵们的斗志，提高了士兵的忠诚度，使得红巾军的队伍日益壮大。此外，朱元璋还善于团结各方势力，共同商讨对抗元朝的大计。通过共享胜利果实与战略资源，朱元璋成功地将各地的起义军团结在一起，形成了强大的反元联盟。

在力量尚显薄弱之际，朱元璋借助资源与机会的共享，成功地吸引了众多英雄豪杰追随。这一策略对于现代企业与团队而言，同样具有重要的借鉴价值。面对挑战与困境时，领导者应当积极地与团队成员分享资源和机会，共同承担风险与责任。唯有如此，方能激发团队成员的潜能与创造力，共同创造更加卓越的成就与业绩。

朱元璋凭借其共享精神使团队紧密合作，成功地推翻了元朝，并建立了明朝。他的成就不仅归功于个人的才能与智慧，更在于他能够凝聚人心、共享成果。这种共享精神成为朱元璋团队持续进步的动力源泉，并为后世提供了宝贵的启示与借鉴意义。

### ◆心得◆

俗话说："人心齐，泰山移。"

处于劣势的人通常资源有限、能力不足。在团队协作或社会竞争中，他们需要借助他人的力量来达成自己的目标。如果他们选择独自占有成果，会丧失与他人建立良好关系的宝贵机会。这种短视行为将使他们在未来的道路上更加孤立，面临更多的挑战和难题。更严重的是，这样往往会激起他人的反感和嫉妒，当这种负面情绪积累到一定程度时，可能会导致冲突和争斗。在这样的情况下，他们本已脆弱的地位将变得更加岌岌可危，甚至可能遭遇毁灭性的打击。

无论是团队协作还是个人成长，我们都要保持开放的心态和分享的精神。如果我们愿意与他人分享成果，不仅能增强团队的凝聚力和战斗力，还能获得更多的支持和帮助。

# 施舍并非失去

予非失，乃存也。

给予并非失去，而是一种不同形式的拥有。

**·案例·**

## 西门豹治邺

战国时期，魏国杰出的政治家西门豹曾在邺城（今河北临漳西南）担任县令。邺城百姓深受地方豪绅与巫祝的残酷剥削，生活困苦。西门豹初到此地时，看到这里人烟稀少，田地荒芜，百业待兴，社会风气败坏，因此立志改善现状。

西门豹首先利用河伯娶妻的迷信习俗，巧妙地惩治了地方恶霸与巫祝等恶势力，为百姓除害，同时也为自己树立了威信。随后，西门豹又带领百姓兴修水利，开凿了著名的引漳十二渠。这一工程使田地得到充分灌溉，粮食产量大幅增加，百姓的生活水平也随之提高。西门豹在造福百姓的同时，还实行"寓兵于农、藏粮于民"的政策，鼓励百姓在丰收时储存粮食、自备兵器。这样一来，百姓在和平时期可以自给自足，一旦遭遇战乱或灾害，也能迅速组织起强大的自卫力量。

西门豹的举措起初并未得到同僚的理解。有人向上举报邺城粮库里没粮，钱库里没钱，武器库里没武器，官府里没账本。魏文侯因此来视察，发现确实如此，勃然大怒。西门豹给出的解释是"王主富民，霸主富武，亡国富库"，而魏文侯要想走上王道，就要藏富于民。西门豹还向魏文侯展示了他的治理成果——一声令下，全城动员。魏文侯心悦诚服。后来，当燕国侵略魏国时，邺城百姓迅速集结，成功击退了敌人。

**·心得·**

在很多人的观念中，给予常被误解为单方面的付出，然而，它实际上是一种更具智慧的拥有。正如历史中那些卓越的领导者所展现的，他们并未因让利于民而损害自己的利益，反而因此获得了更为稳固和持久的统治。

从更深层次的意义上说，给予超越了物质层面的拥有，是情感的传递与心灵的触碰。我们要学会放下个人的私利，去关注更为广阔的社会与人类的福祉。当我们愿意付出、愿意给予时，我们其实是在以更加高尚的方式拥抱这个世界。

# 好施可以保身

**原文**

多予不亡，少施必殃。

**白话**

慷慨给予不会导致衰亡，吝于施舍则必然招致灾祸。

**·案例·**

## 孟尝君：礼贤下士，焚券市义

　　孟尝君田文是战国四君子之一，养客数千人，以仁义扬名天下。他广纳贤士，热情款待，离别时还派人慰问其家人。因此，众多贤士投奔他，孟尝君府中一度门庭若市。冯谖闻讯，亦跋涉千里前来拜谒，并留在孟尝君府中做了一名食客。

　　一日，冯谖在孟尝君府中抱怨别的食客有鱼吃而自己没有，孟尝君听说后便赐给他鱼吃；后来，冯谖抱怨别的食客出行有车而自己没有，孟尝君便赐给他一辆车；最后，冯谖又抱怨自己家境贫穷，虽然不必再担忧自己的衣食问题，但是没有多余的钱财奉养家中的老母，孟尝君见他有此孝心，便派人照顾他家中的老母。此后，冯谖再也没有半句怨言了。

　　不久后，孟尝君寻找能人代其去薛邑收债，冯谖主动请缨，并询问收完债后应买何物。孟尝君让他看府中缺少什么就随便买些什么。冯谖到达薛邑后，召集借贷者，宣布免除债务，并烧毁债券。冯谖对孟尝君说，收来的钱都为孟尝君买了"仁义"。孟尝君不解其意，于是冯谖解释道："我看您府中珍宝堆积如山，衣食车马无缺，唯独缺少一点'仁义'。薛邑是您的封地，而您不体恤民情，还放贷牟利，实在是有损仁义。因此，我焚毁债券，人们都很高兴，这就是我为您买的'仁义'。"

　　后来齐王听信谗言，收回了孟尝君的相印，孟尝君不得不离开国都，回到自己的封地薛邑。他行至离薛邑尚有百里之处，便发现百姓们早已扶老携幼、箪食壶浆相迎。孟尝君见此情形，不禁感慨道："先生为我买的'仁义'，我今日终于见到了啊！"没过多久，孟尝君的仁义之名便传遍天下，诸侯纷纷聘请孟尝君为相。齐王后悔万分，不惜重金向孟尝君谢罪，并将他重新召回朝中，礼遇更甚以往。

孟尝君的故事告诉我们：在人生的道路上，难免会遇到意料之外的困难，这时那些曾受我们施与的人将成为帮助我们脱困的重要助力。平日里与人为善，关键时刻别人就会与己为善。慷慨地给予他人帮助和支持，不仅能够赢得他人的感激，更能在关键时刻为自己带来意想不到的转机。

正是因为孟尝君平日里广结善缘、慷慨给予，所以当遭遇诬陷时，他才能得到贤士的鼎力相助，以及百姓的拥戴，最终化险为夷。他的故事也提醒我们：在日常生活中要多做善事、多积功德，这样更能在未来的日子里收获更多的幸福和安宁。

**心得**

慷慨与吝啬常常影响人的命运。慷慨之人乐于分享，不求任何回报，因此在他们周围汇聚了众多朋友和支持者。他们的善行犹如种子播撒在人们心田，最终结出丰硕的果实。他们的人际关系和谐而美满，事业因此蓬勃发展。相反，吝啬之人只关注自身的利益，他们总是担忧失去，害怕付出，结果往往事与愿违。他们的冷漠与自私导致其在人际交往中频频受挫，朋友逐渐疏远，事业步履维艰。最终，他们可能陷入孤立无援的境地，悔恨不已。

# 成功不论得失

**原文**

得勿喜，失或幸，功不论此也。

收获不必过分欢喜，失去或许是幸事一桩，成功向来不以得失来衡量。

## 案例

### 谈迁著《国榷》

谈迁是明末清初史学家，因家境贫寒，以抄写和代写文章维持生计。在这样的清贫生活中，他怀揣着一个宏伟的梦想——编纂一部详尽且可信的编年体明史《国榷》。为了实现这一梦想，谈迁不惧艰难，从明天启元年（1621）起便开始搜集史料。由于贫穷，谈迁无法购买书籍，只能借阅和抄写。他亲自寻访古迹，常常步行上百里。借阅《明实录》后，他投入数年时间逐字逐句地抄录。这些辛劳与付出，只有谈迁自己能够深刻体会。经过二十余年的不懈努力，谈迁终于完成了长达一百卷约五百万字的《国榷》书稿。然而，命运给了他一个沉重的打击。在清顺治四年（1647）八月的一个夜晚，盗贼洗劫了他的家，珍贵的《国榷》书稿被盗走。这对谈迁来说，无疑是毁灭性的打击，他几乎崩溃。

在绝望的边缘，谈迁展现出惊人的坚韧精神。他坚信"国灭而史不可灭"，决定重新编写《国榷》。此时，他已经年过半百，两鬓斑白，却仍然不畏严寒酷暑，无论晴雨，都会前往藏书人家，甚至远至百里外的嘉善、湖州等地抄录借阅资料。为了完善书稿，谈迁渴望前往北京搜求更多史料，但受限于家境，这一愿望迟迟未能实现。

清顺治十年（1653），义乌朱之锡进京担任弘文院编修，聘请谈迁做秘书。谈迁带着《国榷》初稿欣然前往，这正是他梦寐以求的机会。到京后，他利用业余时间拜访前朝降臣、皇族、宦官和公侯门客，搜集明朝遗闻轶事，并实地考察历史遗迹，以此考证、补充和修订《国榷》初稿。为了提高书稿的质量，他还向吴梅村等学者请教，对《国榷》初稿进行了全面的考证、补充和修订。

又经过几年的努力，谈迁终于第二次完成了《国榷》初稿，而且相较被盗的稿件，质量也有了大幅提升。这部书稿不仅凝聚了谈迁一生的心血与智慧，更体现了他坚韧不拔、勇往直前的精神。谈迁的故事将激励后人，让人们记住在人生遭遇重大损失时，不要丢掉坚韧之心，不要忘记勇往直前，追求自己的梦想。

**·心得·**

得失之间蕴含着深刻的哲理。我们沉醉于成功的喜悦时，容易忽略潜在的危机；而我们勇敢面对失去的痛苦时，却可能意外地发现成长的契机。智者不会因一时的得失而沾沾自喜或垂头丧气，他们内心坚定，深知人生的价值远非得失所能衡量；成功与失败只是生命旅程中的某个阶段，而非终极目标。真正的成就在于我们如何在得失之间保持平和的心态，不断前进，持续探索，最终实现自我超越。

# 利己利人乃成

**原文**

成无定式，利己利人乃成焉。

成功并没有什么固定的模式，能做到对己对人都有利，就算是成功了。

## 案例

### 刘邦约法三章

秦朝末年，百姓生活在水深火热之中，对严酷的律法充满了恐惧与不满。刘邦深知，民心向背是决定胜败的关键。因此，他率军攻入咸阳，推翻秦朝统治后，没有急于庆祝胜利，而是首先考虑到如何稳定民心，恢复社会秩序。

于是，刘邦召集咸阳城的父老乡亲，当众宣布了三条简明的法令："杀人者死，伤人及盗抵罪，余悉除去秦法。"这一举措无疑是对秦朝暴政的彻底否定，也是对民众诉求的积极回应。约法三章简洁而有力，刘邦因此赢得了百姓的衷心拥护，也树立了其仁政爱民的形象。在那个群雄逐鹿的年代，得民心者得天下，刘邦这一智谋无疑为他日后的霸业奠定了坚实的民心基础。

## 心得

自古以来，世人皆追求成功之道，却往往忽略了成功的真谛。成功并非单一维度的胜利，而是多重价值的和谐统一。

许多人一心追求名利，却忽略了对他人的关怀与帮助，这样的成功往往短暂且空虚。真正的成功，是在实现自我价值的同时能为他人带来福祉，促进社会的和谐与进步。虽然成功的方式多种多样，但无论选择何种道路，能够惠及他人是定义成功的一个重要前提。

# 害人害己乃败

**原文**

败有定法，害人害己乃败焉。

**白话**

失败有既定的规律，如果伤害他人的同时也损害自己，那么必然失败。

**案例**

## 李斯与沙丘之变

李斯辅佐秦始皇一统六国，功勋卓著。作为秦始皇最为信任的大臣，李斯在朝中位高权重。然而，秦始皇在沙丘宫驾崩后，在权力更迭的关键时刻，李斯却未能坚守原则与忠诚，反而被赵高利用，坠入了利欲的深渊。

当时，名将蒙恬与公子扶苏正驻守北方，防御匈奴，功勋卓著且深得民心。赵高询问李斯他是否能与蒙恬相提并论，李斯自知不如。赵高趁机挑拨离间，声称扶苏若继位，必将重用蒙恬而冷落李斯。在权力的诱惑下，李斯的心智被迷惑，最终选择了与赵高同流合污，篡改遗诏，处死扶苏与蒙恬，并拥立胡亥为帝，史称"沙丘之变"。

胡亥即位后残暴无道，赵高则趁机专权，朝中一片混乱。李斯虽曾试图规劝胡亥，却已无力回天，最终反被赵高诬陷谋反，身陷囹圄，遭受酷刑而死。

李斯因贪恋权势而迷失了方向，最终沦为赵高手中的棋子。李斯如果不为权力所诱惑，或许能够避免卷入赵高的阴谋之中，秦朝是否二世而亡也未可知。然而，他选择与虎谋皮，最终导致了自身的悲剧，并加速了秦朝的灭亡。

## 心得

对成功的极度渴望，往往会让人迷失自我。我们为达目的不择手段甚至伤害他人时，却不知道这种短视行为不仅会伤害他人，更会削弱自身的力量，最终使我们陷入失败的泥潭。

成功与失败，一念之差。坚守道德底线，以诚信、公正、善良为准则，方能赢得尊重与帮助，迈向成功；反之，为私利不择手段，终将众叛亲离，身败名裂。因此，我们应深刻认识到，害人终害己，唯有坚持道德原则，尊重他人，合作共赢，方能共创美好未来，实现人生梦想。

# 人生常有逆境

**原文**

人困乃正，命顺乃奇。

**白话**

人处在困境中是正常的，命运顺遂才是奇迹。

**案例**

## 归有光的坎坷与辉煌

归有光是明代文学家，幼时就创作出代表作《乞醯论》，令人赞叹不已。嘉靖十九年（1540），归有光中举人，次年会试落第。此后又七赴春闱，皆不第。这一时期，他不仅承受着巨大的心理压力，还饱受经济困难的煎熬。面对命运的戏弄，归有光选择讲学传道。他声名远播，吸引了众多弟子。直到嘉靖四十四年（1565），归有光第九次参加会试，终于中了三甲进士。他虽然年近六十，但壮志未衰，远赴长兴担任知县。在那里，他政绩显著，深受百姓爱戴，却触犯了豪强和大吏的利益。隆庆二年（1568），他遭到明升暗贬，调任顺德府通判，负责马政。一到任上，他便勤勉地工作，并利用闲暇时间编纂了一部《马政志》。到了隆庆四年

（1570），归有光的才华得到了广泛的认可。他升任南京太仆寺丞，后来又被首辅李春芳留任内阁。这是归有光人生的辉煌时刻。然而，他在内阁任职仅　年便重病缠身，不幸离世。

归有光面对科举的挫折和官场的艰难，选择以坚韧不拔的精神持守自己的理想。他没有在失败中沉沦，而是选择不断提升自己的文学修养和人生境界。

回顾归有光的一生，尽管八次落榜，但他凭借坚韧不拔、永不言弃的精神最终功成名就。他的精神品格、文学作品、教育理念值得后世学习。

## 心得

"宝剑锋从磨砺出，梅花香自苦寒来"，艰难困苦往往是对人的考验。然而，大多数人都是平凡之辈，能承受磨难的考验的人寥寥无几。他们不追求富贵荣华，不渴望衣锦还乡，只愿一生平安顺遂。期待奇迹，既需要耐心，也需足够的运气。有耐心之人常有，而运气却让人难以捉摸。

面对逆境，有人选择坚韧不拔地前行，有人则可能陷入消沉的情绪当中。但无论如何，逆境是人生中不可或缺的一部分，它让我们更深刻地认识自我，领悟生活的真谛。与此相比，命运顺遂显得尤为珍贵，它仿佛是上天的馈赠，让人在平凡中体验到非凡的奇迹。

# 知止转逆为顺

## 原文

以正化奇，止为枢也。

将逆境转化为顺境，关键在于懂得适可而止。

## 案例

### 曾国荃行事鲁莽

曾国藩以行事稳健而著称，然而其弟曾国荃却行事冲动，缺乏涵养。在曾国荃担任湖北巡抚期间，由于湖广总督官文拒绝派兵救援，间接导致其兄曾国华牺牲，这让曾国荃对官文心怀怨恨。随后，曾国荃的弟弟曾贞干在军中病逝，其遗体途经武昌时，其他官员纷纷前来吊唁，官文却未露面，这再次激怒了曾国荃。官文在没有显著功勋的情况下被封为伯爵，与曾国荃平起平坐，曾国荃感到极度不公，决意上书弹劾官文。曾国藩立即劝阻，提醒他不要过于执着，以免引火烧身。曾国荃不顾劝阻，结果不仅没有伤到官文分毫，反而给自己带来了不小的麻烦。

曾国藩始终将儒学的中庸之道作为人生准则，行为知"止"。无论是在京城官场沉浮，还是在地方上组织团练，他都是依靠这种精神力量坚持到底的。曾国藩早就察觉到曾国荃的自满情绪，针对曾国荃随意发表对朝廷不满的言论的行为，曾国藩不断地给予提醒和教诲。

曾国荃及其领导的湘军在对太平军作战期间，因嗜血成性及掠夺财宝的行为，遭到了后世的严厉批评。曾国荃晚年常常因不听从曾国藩的教诲而后悔，此时他对曾国藩的后人的教育也不遗余力，留下了难得的"兄弟怡怡"的佳话。这也使得曾氏家族长盛不衰、人才辈出。

逆境与顺境交织如同日与夜的更迭，不可避免，关键在于掌握"止"的艺术。人们要知晓何时应该停止徒劳的努力，何时应该转换方向，何时应该坚守原则，何时应该灵活应对。

在纷繁复杂的世界中，人们往往急于求成，却忽略了"止"的重要性。然而，过度的行动只会使人陷入更深的困境。相反，那些理解"止"的人能在喧嚣中保持清醒，用冷静的头脑分析局势，找到最合适的应对策略。在处处受限的情况下，放手一搏固然关键，但有所保留也同样重要。

# 逆流而上者贵

安顺者庸，安逆者泰。

安于顺境的人只能流于平庸，在逆境中安之若素的人享有真正的顺遂。

·案例·

## 傅说版筑起家

傅说是商朝时期杰出的政治家，奴隶出身，但他并未因身份卑贱而放弃自我。他勤奋好学，对于国家治理之事有着非凡的洞察力，被人们称作贤者。不幸的是，由于生活困苦，傅说最终选择卖身为苦役。他身着粗麻布衣，脚戴锁链，为了生计在傅岩筑城。在小乙统治时期，殷商国力已经衰弱。小乙的儿子武丁继位后，立志复兴殷商，但苦于缺乏贤能的辅佐。因此，他将国事交由冢宰处理，自己则潜心观察国家的风土人情。考察许久之后，武丁终于在筑城的苦役中发现了傅说。傅说虽然看上去与一般的奴隶没有什么不同，但是他的言谈举止格外与众不同。武丁直接将傅说从奴隶提拔为宰相。傅说迅速地投入国家的治理之中，凭借卓越的才能和无私的奉献，赢得了武丁的绝对信任以及民众的广泛爱戴。他实施了一系列促进国家发展和改善民生的政策，使商朝再次走向了繁荣和昌盛，史称"武丁中兴"。

傅说的故事启示我们：才华与坚韧是通往成功的重要因素。不论我们的出身或所处环境如何，只要我们具备真正的才华和不屈不挠的精神，就能够在逆境中奋起，在挑战中成长，不懈地追求个人的梦想与目标。

**·心得·**

逆境如同一面镜子，映照出我们的勇气与弱点。面对困难，逃避或许能带来短暂的安宁，但勇敢面对却能让我们发现成长的契机。

《传习录》中有言："真知即所以为行，不行不足谓之知。"此言甚是，真知的目的在于指导行动，没有行动的检验，就不能称作真知。就如追求顺境的人，面对困境往往缺乏行动的勇气和决心。而那些在逆境中敢于不断尝试的人，将每一次挫败视为成长的阶梯，从而积累了丰富的经验与智慧。

学会在逆境中寻找希望，学会在困境中坚守信念，我们便能超越自我，达到更高的境界。唯有如此，才能战胜困难，走出逆境。

# 困乃方寸自乱

**原文**

搴非敌也，敌乃乱焉。

**白话**

困境本身并非真正的敌人，真正的敌人是内心慌乱。

**·案例·**

## 谢安：以心内之静，破棋外之局

东晋时期，前秦苻坚大举南征，东晋京城建康陷入一片惊恐之中。谢安作为东晋征讨大都督，毫无畏惧之态，每日饮酒下棋，照常游乐。他的侄子谢玄上前请示战略，他悠闲地答道："朝廷已另有安排。"谢玄不放心，又派好友张玄去请示。此时谢安正在山中下棋，便请张玄入座。谢安棋艺本不如张玄，但因张玄忧心战事，所以最后谢安得胜。谢安游玩尽兴，返回家中，才召集主将，交代军机事务。不久，谢玄在淝水之战大获全胜。当捷报传来时，谢安正在与客人下棋，只是轻描淡写地说了一句"没什么，孩子们打败敌人了"，便继续下棋。客人离开后，谢安抑制不住心中的喜悦，手舞足蹈，雀跃入室，跨过门槛时甚至不小心把木屐上的屐齿碰断了。

谢安的成功之处在于他能够在国家生死存亡之际，保持内心的平静与坚定。他没有被外界的困境动摇，而是用自己的行动来稳定人心，激发士气。他深知，真正的敌人不是前秦的雄兵，而是朝廷内外的恐慌与混乱。

因此，他选择以静制动，用自己的冷静态度来感染周围的人。

淝水之战的胜利挽救了东晋的危局。而这离不开谢安那超乎常人的冷静与智慧，他也因此而名留青史。谢安的故事启示我们，在困境面前保持内心的平静与坚定是多么重要。

人生难有坦途，艰难困苦如影随形。

外在的挑战与困苦虽使人疲惫，却非不可战胜。真正令人心力交瘁的是那些纷乱不安的情绪，它们能摧毁我们的意志，让我们在关键时刻失去方向。内心被欲望、恐惧、疑虑充斥，我们便难以做出正确的判断，更无法集中精力应对外部的挑战。

水至绝境，化为奇景；人至绝境，得以重生。

面对困境，我们应当调整心态，将压力转化为前进的动力，保持冷静，且无所畏惧。只有这样，我们才能绝处逢生，实现自我超越。

# 无德荣极则辱

荣极则辱，惟德可存焉。

白话

个人荣耀到了极致，就难免遭受屈辱，只有良好的德行才能长久留存。

182

## 吴起的辉煌与悲凉

战国时期的吴起以卓越的军事才能和智谋成为当时著名的军事家。他先后在鲁国、魏国和楚国担任要职，屡建奇功，威震四方。

在吴起心中，权势是最重要的。鲁国国君考虑到吴起的妻子是齐国人，认为他很可能会与齐军串通。为了打消鲁国国君的顾虑，为了成就自己的功名，吴起杀死了自己的妻子，并且还向鲁国国君呈递了一封书信，表明了自己与齐国势不两立的决心。鲁国国君随后任命吴起为抗齐大将。后来，吴起发现鲁国国君又对自己起了疑心，只得出逃，来到魏国。

魏国国相翟璜向魏文侯推荐了吴起，魏文侯认为吴起连妻子都杀，太过凶残，魏文侯担心引狼入室。翟璜却说，吴起只认荣华富贵，只要确保给吴起的荣华富贵比别的国家给得多，那么吴起就会死心塌地地效忠魏国。吴起便成了魏国的将军。他治兵有方，训练出了一支勇猛无敌的吴家军，几次击退了秦军的进攻。魏国自此成为三晋之中最强一国。但好景不长。魏文侯死了，太子击继位为魏武侯，拜田文为相。吴起觊觎相位已久，因此愤愤不平，甚至顶撞魏武侯。魏武侯彻夜难眠，对吴起动了杀心。吴起只得又跑到楚国。

楚悼王熊疑对吴起的才能非常欣赏，直接将相印交到他手里。吴起不负重托，还给楚悼王一个国富兵强的楚国，令"三晋、齐、秦咸畏之"。然而，楚悼王死后，失去保护伞的吴起随即被楚国贵族们杀死。

吴起不但是个军事奇才，也是一个治国能臣，不然鲁、魏、楚三国的国君也不会都重用他。但是吴起的人品却令人不齿，他一生不择手段地追求荣华富贵和滔天权势，全然不顾未来可能发生的灭顶之灾。

吴起得到楚悼王的极度信任，让他能充分施展所长，但他也因此与无数人结下仇怨。无数双仇恨的眼睛在盯着这个传奇却又冷酷无情的人，他们是被吴起撤职的官员、失去既得利益的楚国王公贵族、排斥法家思想的楚国知识分子……

楚悼王作为吴起的坚实后盾，终有离世的一天。仇恨吴起的人就在楚悼王的葬礼上拈弓搭箭，对准了吴起。箭矢无情地朝吴起飞来，吴起死于非命。

吴起的故事告诉我们：当荣耀达到顶峰时，我们应懂得适时止步，避免沉迷其中。同时，我们还要注重品德的修养，以德护身。

**◀心得▶**

如果一个人被荣誉和权力冲昏头脑，忽视自身的品德修养，他迟早会为此付出沉重的代价。也有人一朝失势，便跌入万丈深渊。这种从云端跌落至尘埃的巨变，往往源于个人品德的缺失。因此，我们应该明白，真正的荣耀并非来自外界的赞誉和地位，而是源自内心的善良和高尚的品德。那些能够在荣耀面前保持清醒头脑、不忘初心、坚持自我修养的人，在人生的道路上会走得更远、更稳。

# 心善辱极则荣

原文

辱极则荣，惟善勿失焉。

白话

　　一个人受辱达到了极致，就可能转辱为荣，而内心的善良万万不可丢失。

案例

## 狄青：起于寒微，终成一代名将

　　狄青是北宋时期的著名将领，出身贫寒，早年便饱受生活的艰辛之苦。十几岁时，他因一次与乡人的冲突而被官府捕快投入监牢，这一事件对他而言无疑是极大的屈辱。他不仅被刺字以示惩罚，还被注销了户籍，发配至京师充军。这样的遭遇对于任何人来说都是难以承受的打击，但狄青并未因此沉沦。

　　在京师充军的日子里，狄青并未放弃自己。他更加勤奋地学习兵法，刻苦训练武艺，逐渐在军营中崭露头角。他对待他人充满了关爱和尊重，所以在士兵中赢得了极高的声望。同时他的军事才能逐渐得到了上级的赏识，他因此得到提拔，参与了更多的军事行动，并在战场上屡建奇功。

　　狄青以贫寒之身从社会最底层一路打拼，靠的是自己的努力和实力，这在当时社会绝无仅有。狄青在其功成名就之时也没有改变其谦虚不躁的品性。在狄青因战功入皇宫面圣之时，宋仁宗见他仍面带刺青字迹，就劝他以药物将字迹涂去，这样才与其高贵的身份相匹配。狄青谢绝了皇帝的美意。他说，他愿意保留面部的刺字，他要让所有士兵都知道，只要努力，不论身份如何，都有机会取得成功。宋仁宗闻言，对狄青耿直的心胸倍加赞赏，更加器重狄青。在狄青成功进入国家重臣之列时，曾有人妄图劝诱狄青认唐代名家狄仁杰为先祖，狄青听闻，一笑了之，他并不想以此来抬高自己的身份。狄青的品行和武功广受赞许，京师的百姓也相互传颂狄青的事迹。

狄青在军事上成就辉煌，因此成为北宋时期的一位传奇人物。他的名字和事迹被载入史册，成为后人学习的楷模。他的故事告诉我们：即使出身卑微、遭受屈辱，只要我们坚守善良的本性，努力提升自己的能力，就一定能够迎来属于自己的荣耀和成功。

可惜在宋朝抑武扬文的大环境中，狄青的力量难以发挥，北宋的国力进一步衰落，此后再也没有如狄青般能拯救北宋危亡的武将出现，北宋的命运注定以失败而告终。

**·心得·**

屈辱与困境是磨砺心志的砺石，是通往荣耀的必经之路。面对侮辱与打击，有人选择沉沦，自甘堕落；而有人则以坚韧不拔之志迎难而上，最终在逆境中绽放出璀璨的光芒。在这段旅程中，我们必须时刻铭记，善良的本性是安身立命的根本，无论身处何种境地，我们都应坚守内心的善良与正直。

# 安危无关顺逆

**原文**

君子逆而不危，小人顺而弗远。

**白话**

君子即使身处逆境也不致陷入危亡，而小人即便顺遂一时也难以长久。

**案例**

## 韩愈：逆境中的儒学坚守

唐代中期，佛教盛行。唐宪宗元和十四年（819），凤翔法门寺的佛塔被开启，宪宗皇帝计划将其中的佛骨舍利迎入宫中，供奉三日。消息迅速传播，社会上掀起一股迎佛的狂热浪潮。在这样的背景下，韩愈勇敢地站出来，成为反对佛教的斗士。他向皇帝上《论佛骨表》，力陈佛教对社会的负面影响，并主张将佛骨"投诸水火，永绝根本，断天下之疑，绝后代之惑"。韩愈的行动无疑是对当时崇佛风气的挑战。他的上书激怒了佛教信徒和一些权贵，导致他遭受了激烈的攻击和排斥。但韩愈并未因此退缩，反而更加坚定自己的信念。他以笔为剑，继续撰写文章，弘儒抑佛，为儒学的复兴贡献了不可忽视的力量。

在韩愈所处的时代，佛学日盛，儒学日衰。韩愈为了复兴儒学，勇敢地站出来反对佛教的过度传播。韩愈的上书言辞恳切、逻辑严谨，深刻地揭示了佛教盛行背后的社会问题，以及儒学复兴的迫切性。虽然他的声音并没有得到皇帝和百姓的回应，但激励了一批有志之士继续他的师古改革。

韩愈直言上书，毫无意外地触怒了皇帝以及朝中的权贵，于是韩愈被贬潮州。初到潮州，韩愈便听闻境内鳄鱼横行为患，于是又作《鳄鱼文》，以鳄鱼之害为引，暗讽祸国殃民的藩镇大帅、贪官污吏。勤政恤民的韩愈得到了上下一致的认可，没过几年便再度应召入朝，官至吏部侍郎。

韩愈的坚贞与仁爱虽然未能立即扭转当时的社会风气，但他的努力为儒学复兴奠定了坚实的基础。他的文章和思想影响了后世无数士人，成为儒学发展史上的重要里程碑。

## 心得

面对不同的境遇，君子与小人的态度往往截然不同。君子凭借其崇高的道德品质立身处世，在逆境中不改变初衷，坚守正道，因此即便遭遇狂风暴雨，也能泰然自若。相反，小人常常被眼前的利益所迷惑，在顺境中得意忘形，丧失警觉性，最终往往难以避免衰颓的结局。

君子之所以能在逆境中保持坚定，是因为他们内心强大，坚持道德原则；而小人之所以不能长久保持顺境，是因为他们缺乏远见，缺少长远的规划和自我反省的能力。

# 知止方可御患

**原文**

躁生百端，困出妄念，非止莫阻害之蔓焉。

**白话**

急躁冒进会带来无尽的灾难，困境中容易滋生邪恶的念头，若不及时停止，就不能阻止祸害蔓延。

**案例**

## 曹髦身死名灭

曹髦，字彦士，三国时期曹魏的第四位皇帝。他年少登基，却面临着一个权臣当道、皇权衰落的艰难局面。此时曹魏政权已经名存实亡，实权完全掌握在司马家族手中。曹髦性格刚烈，在多次受到司马家族成员的掣肘后，终于忍无可忍，愤然喊出"司马昭之心，路人皆知"，公开揭露了司马昭的篡位野心。公元 260 年，曹髦未能充分准备和策划，就亲自率领数百名侍卫和奴仆冲出皇宫，讨伐司马昭，结果遭遇了司马家族早已安排好的反击，曹髦也被太子舍人成济所杀。

曹髦的失败和悲剧很大程度上归咎于他急躁冒进。如果他能够学习司马懿韬光养晦，隐忍不发，待机而动，或许能够找到更为稳妥和有效的方式来对抗司马家族。然而，曹髦因急躁冒进最终断送了他的生命和曹魏王朝最后的希望。

曹髦的死标志着曹魏政权的彻底终结。他的故事深刻地警示我们：在面对强大的对手和复杂的局势时，急躁冒进往往只会带来失败和悲剧；相反，冷静分析，韬光养晦，寻找合适的时机才是走向成功的关键。

### 心得

在逆境中，人们往往丧失理智，做事不计后果，但对现状不满而采取鲁莽的行动并非摆脱困境的正确方法，反而可能使人陷入更深的泥潭。

在焦虑和妄想面前，最有效的策略是"止"。这里的"止"并非单纯停止或放弃，而是一种内心的修炼和自我控制。它要求我们在面对诱惑和困境时不为外物所动摇，始终坚守着自己的信念和原则，冷静分析，寻找解决问题的方法。

# 祸因锋芒毕露

**原文**

厄者，人之本也；锋者，厄之厉也。

**白话**

困境和磨难是人生固有的现象；显露锋芒是困厄加剧的原因。

**案例**

## 祢衡恃才傲物

东汉末年，祢衡凭借其非凡的文采和辩才声名远扬。他性格刚毅，放荡不羁，而且喜欢轻侮他人，只与孔融和杨修交好。孔融多次向曹操引荐祢衡，祢衡对曹操却持鄙夷态度，以患有疯病为由拒绝见面，并且多次狂言评论曹操。曹操怀恨在心，但因为祢衡的才气和名声，又不能杀他。

曹操听说祢衡擅长击鼓，就召他为鼓史，并且大宴宾客，检阅他的鼓曲。然而，祢衡竟然裸体击鼓，曹操戏谑地表示自己受到了祢衡的侮辱。孔融劝说祢衡向曹操道歉，祢衡却衣着不整，坐在军营门口大声斥责，曹操因此大怒，将他赶走了。

祢衡恃才傲物、不识时务，不懂得在复杂的政治环境中保护自己。他的才华虽然令人钦佩，但他的行为却过于轻率且具有挑衅的性质。在东汉末年的乱世中，政治斗争异常激烈，祢衡狂妄不羁的性格虽然在文学上被视为风骨，但在现实政治中却是致命的弱点。

祢衡随后前往荆州，刘表因仰慕其才华，以宾客之礼相待。刘表与人共同起草奏章，祢衡看后将之撕毁，并亲自重新撰写了一篇。不久后，祢衡再次侮辱刘表。刘表愤怒至极，想杀掉祢衡，却不愿亲自下手，他知道江夏太守黄祖性情急躁，于是将祢衡送往黄祖处。在一次宴会上，祢衡即兴创作了《鹦鹉赋》，文采斐然，深得黄祖喜爱。然而好景不长，祢衡终究未改其狂傲本性，言辞不逊，激怒了黄祖，被黄祖处死。

祢衡之才，世所罕见，但他恃才傲物，终致杀身之祸，可悲可叹。他的故事提醒我们，即使才华横溢，也要懂得收敛锋芒，谨慎言行，以平和的态度对待他人，防止不必要的冲突，以免招灾引祸。

**·心得·**

人生之路鲜有一帆风顺的，困境与磨难才是人生常态，也是塑造个人意志和智慧的熔炉，任何人都无法逃避，必须面对。面对困厄，人们的态度和应对策略决定了最终的成败。锋芒毕露虽然可以在短时间内闪耀光芒，但这种过于张扬的做法往往会伤害到他人，从而加剧自己的困境。

正如《尚书》所言："满招损，谦受益。"如果我们骄傲自满，就会招致损害；而谦虚谨慎会获得益处，不仅能够避免不必要的冲突，还能为自己赢得更多的朋友和支持。

在困厄中，我们应该如《易经》中所说那样"潜龙勿用"，保持低调，默默积蓄力量，不断充实自我。这样，当机遇来临时，我们才能顺势而上，实现自己的目标和梦想。

# 才须韬光养晦

原文

厄欲减，才莫显。

白话

要想减少困厄，就不要过分显露自己的才能。

·案例·

## 东方朔的机智与韬晦

东方朔是西汉时期的文学家、政治家。他博闻广识，能言善辩，善于以诙谐的语言和方式陈说国政大事。东方朔一生中担任的最高职位是太中大夫，俸禄为一千石。他未能在政治上留下彪炳史册的功绩，但作为汉武帝的近侍，他善于察言观色，一有机会便直言进谏。在修建上林苑的事情上，他劝谏武帝要体恤百姓；在昭平君杀人案件中，他建议武帝要公正执法；在"主人翁"事件上，他敦促武帝纠正偏差、改善风气。类似这样的劝谏，不胜枚举。

东方朔除了直言进谏，也常常以滑稽的言辞取悦汉武帝，博取丰厚的赏赐。每每得到赏赐，他便拿去娶妻，且每段婚姻只维持一年。这在当时被视为荒唐之举，很多大臣批评他贪图美色。汉武帝反而不以为意："令朔在事无为是行者，若等安能及之哉！"汉武帝的意思是说，东方朔这是在为无能的人着想，要是事情都被东方朔做了，那些无能之人就无事可做了。等到东方朔临终之际，他对汉武帝说："诗云：'营营青蝇，止于蕃。恺悌君子，无信谗言。谗言罔极，交乱四国。'愿陛下远巧佞，退谗言。"武帝听了，感慨东方朔这个大智若愚的人，竟然也能如此正经。

东方朔在复杂险恶的朝廷环境中找到一种独特的生存方式。他出身低微，没有家庭背景，如果表现得太有才干，会被群臣甚至皇帝忌惮，因此故意以一种放荡不羁的形象来掩盖自己的才能，从而避开权力斗争的旋涡。这启示我们，在竞争激烈的环境中，我们应当学会隐藏锋芒，同时在关键时刻展现自己的价值。这种平衡的艺术，不仅能够帮助我们避免麻烦，还能够让我们在复杂的人际关系网中找到自己的位置，实现个人价值的最大化。

## 心得

才能出众固然是好事，但如何运用才能，如何在彰显与隐藏之间找到平衡，是人生的一大智慧。纵观历史，有才能的人很多命途多舛，因为他们恃才傲物，认为自己的才干可以克服一切困难；然而，现实世界往往比他们想象的更为错综复杂，他们可能在某个特定的领域取得过非凡的成就，但在处理人际关系和应对政治斗争时，却显得过于单纯和幼稚。

常言道："木秀于林，风必摧之。"这句话在复杂多变的社会环境中显得尤为贴切。人心难测，如果过度地展示自己的才能，很容易成为他人嫉妒和攻击的目标。因此，能够在关键时刻做到"大智若愚"，不显山、不露水，才是减少困厄、保护自己的智慧之举。

# 明心才能避祸

原文

不明其心，厄之难止。

白话

不明白人的心理，困厄就难以消解。

案例

## 孔融之祸

孔融是东汉末年重要的官员、名士、文学家，为孔子二十世孙，以学识渊博、才情出众而著称。孔融性格刚直，不善于逢迎上司，时常发表一些与当时政治环境不符的言论。据《后汉书》记载，孔融曾对曹操的一些政策提出尖锐的批评，甚至在一些场合下让曹操下不来台。曹操虽然表面上对孔融礼遇有加，但实际上对其心生不满。随着曹操势力的日益壮大，他对孔融的容忍度也逐渐降低。最终，曹操以"不孝"等罪名将孔融下狱，并处死。

孔融的悲剧在于他未能审时度势，未能了解曹操的心意。在曹操"逆流而上"的特殊历史背景下，他更应该谨言慎行，避免在公开场合发表与曹操政见不合的言论；同时，他也应该更加敏锐地观察政治环境的变化，及时调整自己的言行举止。

孔融的故事如同一面镜子，让我们看到了职场生存的残酷和复杂性。

在职场中不仅要展现自己的才华和能力，更要学会理解他人、尊重他人——尤其是上司，以便智慧地处理复杂的人际关系。只有这样，我们才能在职场中稳步前行，避免陷入不必要的困境和挫折。

**◆心得◆**

在封建专制时期，上司在很大程度上掌控着下属的命运。因此，下属对上司的理解不应仅局限于表面，而应深入其内心，以确保准确无误。若一个人缺乏洞察世态人情的能力，那么在沟通与交往中将面临重重困难，势必会遭遇连绵不断的阻碍和困境。

人的心理是隐秘的，被一层厚重的外衣遮蔽着，这就要求人们必须仔细观察，拨开迷雾，洞察其微妙之处。猜测他人的想法时，切忌过于张扬地揭示它，而应在行动上给予恰当的配合，这才是最明智的做法；否则，炫耀自己，轻视他人，最终只会遭受无情的打击。

# 情感羁绊身心

不舍之情，羁身也。

不肯割舍的情感羁绊着人的身心。

## 吕布身陷私情毁一生

三国时期，吕布以无匹的勇猛和卓越的军事才能闻名。起初，他备受瞩目，似乎有机会在那个动荡的时代成就一番伟业。然而，自从他遇见貂蝉，并被王允巧妙地利用了这段私情之后，他的命运便发生了戏剧性的转变。为了铲除董卓，王允先是暗中将貂蝉许配给吕布，随后又公开将貂蝉献给董卓。由于吕布对貂蝉情深义重，便对董卓霸占貂蝉感到愤慨，加之被王允操纵，于是他怒发冲冠，为了心爱之人亲手斩杀了董卓。这一举动使吕布卷入了各方势力的纷争之中，为日后兵败被杀埋下了伏笔。

后来，吕布占据徐州时，陈宫献上良策，建议他趁曹操出征袭击其后方以占得先机，有望成就大业。然而，吕布的妻子严氏抱怨他在外征战，不顾妻儿。吕布因此而犹豫，最终未采纳陈宫之计。这一因私情而起的决策失误，致使吕布在徐州之战中错失良机。

真正的英雄应胸怀天下，审时度势，不为情感所左右。倘若吕布能挣脱儿女私情的束缚，以大局为重，善于听取谋士的建议并果断决策，或许能避免诸多败局，成就一番霸业。

最终，曹操回师之后，对吕布发起了猛烈的攻势。吕布在下邳战败，被曹操斩首，一代枭雄就此陨落。吕布的悲惨结局警示着后人，情感虽重要，但绝不能成为束缚自己前进的枷锁。在人生的道路上，我们会遇到各种各样的情感纠葛，包括亲情、友情、爱情等。这些情感有时会让我们犹豫不决，甚至迷失方向。然而，真正的智者懂得如何驾驭自己的情感，不让它们成为自己前进的障碍。他们会在关键时刻放下那些牵绊自己的情感包袱，以更加坚定的步伐走向成功的彼岸。

·心得·

人们在面对各种挑战和机遇时，往往因为某些难以割舍的情感而选择保持现状，不愿意采取行动。因为有这种情感上的束缚，他们在关键时刻缺乏放手一搏的勇气和决心。

事实上，许多事情的成功都需要我们具备破釜沉舟的勇气，只有放下那些让我们犹豫不决的情感包袱，才能全力以赴，真正地投入到行动中去。情感上的障碍就像心灵的枷锁，如果不加以解决，我们永远只能停留在理论讨论阶段，而无法将计划付诸实践。

俗话说："英雄难过美人关。"情感之关一定要打通，这是解放自己的前提，也是战胜自己的关键。天下没有放不下的情感，关键在于我们是否愿意冲破禁锢，不为情感所牵绊。

# 暴怒造成伤害

原文

天怒成灾，人怒成害。

白话

上天愤怒就会引发灾难，世人愤怒就会造成伤害。

## 张飞难制愤怒

三国时期，刘备、关羽、张飞桃园结义，誓同生死，共创大业。然而，在刘备担任安喜县尉时，因拒绝向督邮行贿而遭到其百般刁难。张飞得知此事后，怒火中烧，冲进县衙，将督邮绑在柱子上一顿鞭打，打得督邮求饶不止。这一事件虽然为刘备出了口恶气，但连累刘备不得不弃官而去。张飞虽然勇猛，但性格暴躁，难以控制自己的情绪。在后来的战斗中，张飞也多次因为愤怒冲动行事。

张飞怒鞭督邮的故事，警示我们愤怒是伤人伤己的利器。面对不公与挫折时，我们应学会冷静思考，以平和的心态去应对。修身养性，提高自我控制能力，是避免愤怒的有效途径。同时，我们也应学会换位思考，理解他人的难处与苦衷，以减少冲突与矛盾发生。

刘备称帝后，张飞为伐吴大军先锋。在张飞临行前，刘备还叮嘱他不要喝酒，更不要打骂士卒，以免生变。张飞回到阆中后，就将三天置办十万白旗白甲的任务下达给部下范疆、张达。这难度实在太大，于是范疆希望张飞能够宽限几日。张飞大怒，立刻下令把他们打了个皮开肉绽，还声称三日完不成，定杀不赦。面对这个根本不可能完成的任务，范疆和张达被逼急了，直接趁张飞酒醉不省人事的时候斩下了张飞的首级，一路狂奔投奔东吴去了。

张飞的悲剧警示我们，愤怒既伤人又伤己。在日常生活中，我们应该学会控制情绪，避免因为一时冲动酿成无法挽回的后果。

**·心得·**

大自然的愤怒（如洪水和地震）常常带来毁灭性的灾难，同样地，当人的愤怒失控时，既伤害他人，也会将自己拖入困境。学会控制愤怒是人生中的一项重要课题，无法控制愤怒的人生注定会充满困难和挑战。

愤怒作为人类情感的一部分，需要被正视和接受，但其处理方式不应是无节制地发泄，而应依赖于个人的修养和自我控制。能够预见到愤怒可能带来的后果，有助于人们抑制冲动，避免情绪爆发。愤怒往往源于误解、不公或失望，但以愤怒回应愤怒只会加剧矛盾。明智的人会选择冷静应对，通过沟通、理解和包容来化解冲突。

# 无知亦是安乐

**原文**

不知机而无泄，大安也。

**白话**

如果我们对机密的事情一无所知，那就不存在泄密的风险，这样是最安全的。

**·案例·**

## 刘洁兴于机密、亡于机密

北魏明元帝拓跋嗣患病期间，太子拓跋焘代管国事，大臣刘洁与古弼等人辅佐太子，共同执掌朝政。然而，在这看似平静的朝堂背后却暗流涌动，皇室中有人意图趁机夺取皇位，私下四处活动，拉拢朝中大臣。

刘洁闻此讯息，心生一计，欲借此机会立功邀宠。他找到同僚古弼，提出通过参与皇室谋反者的阴谋，再向太子告发以立功。古弼听后大惊，劝诫刘洁不要耍小聪明，以免陷入险境。然而，刘洁却置若罔闻，顾自行动。他故意流露对皇上的不满，成功引起了谋反之人的注意，并被拉入谋反的阵营之中。

明元帝逝世后，太子拓跋焘即位为太武帝。刘洁见时机已到，便向太武帝密告谋反之人，因此立下大功，被升迁为尚书令，封为钜鹿公。刘洁因此得意扬扬，四处炫耀自己的聪明才智。然而，古弼却对此不以为意，认为刘洁此次成功只是侥幸，并告诫家人要远离刘洁，以免招来横祸。

刘洁在朝廷中主管机要，深受拓跋焘重用。然而，他却未能保守机密，常常将拓跋焘的谈话泄露给他人，引起了拓跋焘的反感。刘洁却自信满满，认为皇帝不会怪罪于他。他这种轻率的行为为他的悲剧埋下了伏笔。

一次，拓跋焘与刘洁商议袭击柔然汗国，刘洁劝阻不成，心中不快。他故意将此事泄露出去，导致群臣纷纷进谏反对。拓跋焘因此十分生气，当面斥责刘洁，并差点儿将其治罪。刘洁虽然苦苦央求得以幸免，但心中却对拓跋焘产生了怨恨。

为了证明自己的智慧，刘洁竟在大军北伐时假传圣旨，暗动手脚阻挠大军。他妄图通过此举来显示自己的高明，让太武帝对他言听计从。更为严重的是，刘洁在私下里对亲近之人透露，如果军队出动无功，他将拥立乐平王。他还派人求取图箓谶纬，询问自己是否有统治天下的命运。这些机密信息的泄露，不仅让他成为拓跋焘的眼中钉，也让他陷入万劫不复的深渊。不久，刘洁的阴谋被揭露，他被拓跋焘下令逮捕并囚禁。在审讯过程中，他的罪行被一一查实，包括擅作威福、聚敛财货、假传诏令等。

最终，刘洁被夷灭三族，家产被没收。刘洁因对机密的轻率处理和对权力的过度渴望而陷入无尽的深渊，最终导致家族覆灭的悲剧。他的故事警示我们，保守机密是维护自身安全和稳定的关键。在涉及机密的事情上，我们必须保持高度警惕，不仅要做到守口如瓶，还要时刻注意自己的言行举止，避免因为一时的疏忽或冲动而泄露机密。同时，我们也要学会远离纷争和斗争，不要让自己卷入不必要的政治旋涡之中。

**◆心得◆**

我们掌握的信息（特别是机密信息）越多越易泄露，从而增加个人的风险。因此，对于非必要的机密信息，保持无知状态反而是对自己的一种保护。当然，这并不意味着我们应该对所有事情都一无所知。正确的做法是，通过判断力来区分哪些信息是必要的、哪些是不必要的。此外，保守机密本身就是一项艰巨的任务，它不仅要求个人守口如瓶、持久如一，还需承受外界的猜疑和压力。知晓的秘密越多，个人面临的危险也越大，甚至一句不经意的泄密都可能带来灾难性后果。

在复杂的人际关系或职场竞争中，最安全的策略是远离阴谋，不参与、不知晓机密，以避免在关键时刻被重利轻义之人背叛。真正的安全源于无知无觉，这不仅是行为谨慎，也是智慧的体现。

# 多言恐成祸患

 **原文**

不避亲而密疏，大患也。

在与亲人或亲近之人相处时，如果不采取适当的保密措施，那么秘密就很容易被泄露出去，这可能带来严重的后果。

**案例**

## 孔光不言温室树

汉代大臣孔光是孔子的十四世孙，不仅学识渊博，更以清廉和谨慎著称。他曾任御史大夫、丞相，主掌枢密 10 余年之久。在这漫长的岁月里，孔光始终保持对朝廷政事的敬畏之心，严格遵守法度，从不轻易发表意见。孔光在家时，即便与兄弟、妻子闲谈，也绝口不谈朝廷政事。

有一次，家中有人好奇地问孔光："长乐宫温室殿里都长着什么树呢？"这本是一个无关紧要的闲谈话题，但孔光却沉默不答，转而谈论别的话题。在孔光看来，即便是这样的小细节，也可能涉及宫廷内部的敏感事务，稍有不慎就可能引发不必要的纷争和猜忌。因此，他选择保持沉默。孔光的这种态度不仅赢得了皇帝的信任和尊重，也让他在朝廷中拥有良好的声誉。

孔光从不将朝廷事务带回家中讨论，更不向家人透露任何宫廷秘闻。他这种对亲人保密的态度不仅保护了家人的安全，也避免因家庭因素引发的政治风波。孔光的家风严谨，成为士人效仿的典范，后世常以"孔光不言温室树"为典，咏叹居官言行谨慎。

孔光的故事告诉我们，在处理重要事务时，必须保持谨慎和沉默，尤其是面对亲人时更需把握公私之间的界线，不可因关系亲近而掉以轻心。在当今社会，信息泄露的风险无处不在，我们更应该像孔光一样，时刻保持警惕，严格把控自己的言辞，避免因一时的疏忽给自己、他人带来麻烦和损失。

许多人能在外人面前保持谨慎，避免言多必失，但在亲人或亲信面前却常常放松警惕，无意间将秘密泄露，这往往是因为关系亲密而忽略了慎言的重要性。事实上，无论是在外人还是亲人面前，保持谨慎都是至关重要的。过于亲近而不设防，可能会因无心或矛盾导致隐私被公开，给自己带来麻烦。

真正对自己负责的人，会时刻严格把控言语，努力培养慎言的习惯，无论面对谁，都要确保言语不失，避免遭受祸患。同时，对亲近之人也保持适当的距离和警惕，是保证个人安全、维护人际关系的智慧之举。

# 吉人自有吉因

吉有其因，福有其源。

吉利的事情有它内在的原因，福气的降临也必然有它的根源。

## 郭子仪的家风传承

唐朝中期，安史之乱爆发，天下大乱。郭子仪临危受命，以其卓越的军事才能和坚定的爱国情怀，成功平定了这场旷日持久的战乱，为唐朝的稳定与繁荣立下了赫赫战功。在功成名就之后，郭子仪始终保持谦逊与低调，不骄不躁，赢得了朝廷与百姓的广泛赞誉。

更为难能可贵的是，郭子仪非常注重家族教育与后代培养。他以身作则，将忠诚、勇敢等优秀品质传承给子孙后代。在他的悉心教导下，郭家子孙人才辈出，无论是在官场还是在文坛，都取得了卓越的成就。

郭子仪的成功与福气源于他忠诚勇敢、谦逊低调以及注重家族教育。他深知，一个家族要长久繁荣，不仅需要物质的积累，更需要精神的滋养。通过言传身教，他将美德融入家族血脉，使郭家后人能够继承并将其发扬光大，成为社会的栋梁之材。

### 心得

世间吉凶祸福相随相伴，其因果关系值得深入探究。吉利与福气并非无端降临或偶然获得，而是明智选择和长期努力的必然结果。我们不应只羡慕好运而忽略努力，也不应只诅咒厄运而不进行自我反省。

真诚地追求善良，不仅是吉祥的依靠、幸福的成因，更是摆脱人生困境的先决条件。善行不仅能够帮助他人，也能净化自己的心灵，提升个人的道德修养。善行带来善果，追求善良并非空洞的道德说教，而是要融入日常生活实践之中。忽视或放弃追求善良，就偏离了人性的根本，拥有善心才是立身处世的基石。

# 身正无邪者安

原文

忧身者无邪，正而久焉。

白话

胸怀忧患并自我省察的人不会心生邪念，遵循正道可以相安长久。

案例

## 许衡不食无主之梨

许衡是金末元初理学家、教育家和政治家。他身处一个社会动荡的时代，战乱频繁，民不聊生，许多人在生存的压力下放弃原有的道德底线，只求一时之安。在这样的背景下，许衡仍然保持着令人钦佩的气节。

许衡行路时口渴难耐，路边正好有一棵梨树。路人纷纷摘梨解渴，而许衡却不为所动。当有人不解地问他时，他坚定地回答："不是自己的梨，岂能乱摘？"那人以世道混乱、梨树无主为由嘲笑他迂腐，许衡也毫不动摇，正色道："梨树虽然无主，难道我们的心也无主了吗？"

许衡的行为不仅是对个人道德的坚守，更是对后世的一种启示。在乱世中，坚守道德底线并不容易，但许衡做到了。他的故事告诉我们，无论外界环境如何恶劣，只要心中有道德之光，就能照亮前行的正道。在现代社会，同样需要像许衡这样的人，用自己的行为为社会弘扬正气，坚定人心。

《礼记》中有言:"君子必慎其独也,小人闲居为不善。"

独处时最见一个人的真性情。缺乏道德修养的人在无人监督时往往放纵自我。而品德高尚的人不仅在公开场合行为良好,独处时更是保持清醒与自律。胸怀忧患意味着时刻保持警惕,对周围环境及自身行为有着清醒的认识和预判。这样的人深知生活的艰辛与复杂,因此不会被欲望所驱使,更不会陷入邪念之中。他们因为坚守正道,会赢得他人的尊重与信任,从而在人生道路上能够走得更远、更稳,相安无事。这种长远利益不仅是物质上的富足,更是精神上的充实。

# 心安无愧者吉

忧心者无疚,宁而吉焉。

**白话**

担忧良心有失的人不会感到愧疚,这样的人心灵安宁,因而一生吉祥。

**案例**

## 狄仁杰无愧于心传千古

狄仁杰是唐朝时期政治家、武周宰相,他一生刚直不阿,知人善任,为唐王朝连连举荐德才兼备的良臣，政绩颇丰，被朝野公认为"唐祚送俊之臣"，有"北斗之南一人而已"之誉。他以不畏权势著称，直言力谏，成为一代名相。

唐高宗年间，左司郎中王本立倚恃皇帝宠信，骄横跋扈。狄仁杰弹劾王本立，请求将其交付法司审理，但唐高宗却下诏宽宥。狄仁杰进谏道："国家虽然缺乏人才，但却不缺少王本立这种人。陛下为何要爱惜此人而破坏王法呢？如果陛下一定要宽赦王本立，就请把臣放逐到无人之地，作为以后忠贞之臣的警戒！"王本立因此被治罪。后来，狄仁杰弹劾司农卿韦机，称其所督建的宿羽、高山、上阳等宫室太过壮丽。唐高宗遂将韦机免职，自此朝廷风纪肃然。

天授元年（690年），武则天称帝，改唐朝为周，史称武周。狄仁杰于次年九月由洛州司马升任地官侍郎，代理尚书事务，并加授同凤阁鸾台平章事，成为宰相。武则天对他道："你在汝南为官时有良好的政绩，但有人在中伤你，你可知道是谁吗？"狄仁杰答道："如果陛下认为臣做错了，臣当改过；如果陛下明白臣并无过错，这是臣的幸运。臣问心无愧，不想知道中伤我的人是谁。"武则天对此大为叹服。

狄仁杰的公正与无私，不仅赢得了当时百姓的尊敬与爱戴，也让他在历史上留下了永恒的印记。狄仁杰的故事启示我们，无论身处何种环境，都应保持公正无私，坚守正义。在面对各种复杂案件和利益诱惑时，我们要时刻保持清醒的头脑，不被私欲蒙蔽，坚守自己道德与良知的底线。

**心得**

做人做事，不求处处顺遂，但求无愧于心。在现实生活中，我们常常被各种诱惑和利益驱使，容易迷失方向，甚至违背自己的原则。但真正有智慧的人会时刻提醒自己，保持内心的警醒与自省，确保自己的每一个决策、每一个行动都不违背良心。这样的人即使面对再大的风浪，也能保持内心的宁静与坚定。而保持一颗平静的心，是人生成功的关键。只有当内心不被外界的喧嚣动摇时，才能清晰地思考，做出明智的判断。因此，无论处于何种境遇，确保自己的所作所为不违背良心，才能逢凶化吉，祥云高照。

# 自省篇

## 避祸即是克己

**原文**

祸由己生，小人难于胜己。

**白话**

祸患从自身产生，而小人很难战胜自我。

**案例**

### 来俊臣：酷吏的末路

唐朝武则天时期，朝局动荡，来俊臣凭借残忍、狡诈的手段成为武则天的心腹酷吏。来俊臣与其党羽万国俊等人共同编写了《罗织经》，此书详细描述了如何编造罪状、设计情节、陷害无辜。他们还发明了众多令人发指的酷刑，让人闻风丧胆。每次朝廷颁布大赦令时，来俊臣总是先斩后奏，以确保自己的重犯不受赦免。来俊臣的狂妄与贪婪最终引来了众怒。他的属下卫遂忠因私怨诬告其谋反，联合多方势力共同揭发他的罪行。众怒难犯，武则天不得不下令审理此案。经过调查，来俊臣的罪行罄竹难书，最终被判处谋反罪，依法处死。

来俊臣被处斩当天，洛阳城的百姓蜂拥而出，争相目睹这一大快人心的时刻。他的尸体被百姓愤而毁损，可见人们对他的痛恨与厌恶到了何种境地。

来俊臣因为自己的贪婪与邪恶而自掘坟墓，他的故事警示后人：无论身处何种地位，都应当坚守道德底线，不被私欲驱使。只有这样，才能避免走上自我毁灭的道路。

要战胜他人，首先要战胜自我。小人忽视修身，面对诱惑与罪恶时难以自持，这是他们失败的根源，与外界无关。

修身至一定境界，方能明辨是非、驾驭自我，不为情绪所动。贪婪、恐惧、骄傲等情绪如同暗流，时刻试图引诱我们偏离正道，步入歧途。因此，我们必须清醒地认识到，祸端就在我们的内心。在修身的过程中，我们应当学会倾听内心的声音，培养出一种内在的智慧。这种智慧能够让我们在面对选择时不被外界的喧嚣干扰，不被短暂的得失迷惑。它如同一盏明灯，指引我们在黑暗中前行，不迷失方向。

# 君子名垂千古

君子之名，胜于小人之实。

**白话**

君子的美名远远胜过小人谋得的实际利益。

**案例**

## 诸葛亮与司马懿的对比

三国时期，诸葛亮与司马懿都是杰出的政治家与军事家。然而，在后世人的眼中，诸葛亮的名声却远远超过了司马懿的。这并非因为诸葛亮在军事上取得了多少辉煌的胜利，而是因为他那高尚的品德与无私的奉献精神。

诸葛亮一生鞠躬尽瘁，死而后已。他辅佐刘备建立蜀汉政权，又尽心尽力辅佐刘禅，为蜀汉的繁荣稳定呕心沥血。他清廉自守，不贪不腐；他忠诚于国家与君主，从不计较个人得失。这种高尚的品德与无私的奉献精神，赢得了世人的广泛赞誉与敬仰。

相比之下，司马懿始终为了个人利益与权力，不惜采取各种手段。虽然他最终取得了曹魏政权的控制权，但其手段与行为却饱受争议与谴责。因此，在后世人的眼中，司马懿的名声远不及诸葛亮的。

那些能够名垂青史的人都是品德高尚、无私奉献的君子。他们用自己的行动诠释了人生的价值与意义，为后人树立了学习的楷模与榜样。

我们应该以诸葛亮为榜样，注重个人品德的修养与提升，以诚信为本，以善良为怀。我们应该坚守正道与良知，不为名利所惑，不为私欲所动。只有这样，我们才能赢得他人的尊重与敬仰。

**心得**

君子之所以能名垂青史，是因为他们始终坚守正道，以诚待人，以信立世。他们不为一己之私而损害他人利益，更不会为了名利而违背良心与道德。

在困境中，君子能够坚守信念，勇于担当；在顺境中，他们则能保持谦逊，不忘初心。他们不仅赢得了世人的赞誉与敬仰，更为后人树立了学习的楷模。反观小人，他们往往为了个人利益而不择手段，甚至不惜损害他人与社会的利益。他们或许能得逞一时，但终究会将所有不堪暴露无遗，受到应有的惩罚与谴责。

君子的名声历经时间的考验，得到了众人的认可。它超越了个人私欲与短期利益，是君子人格魅力的光辉体现。小人谋求的实利，不过是昙花一现，无法与君子之名相提并论。

# 小人祸遗千年

小人之祸，烈于君子之难。

小人遭受的灾祸要比君子的为难险恶得多。

### 案例

## 贾似道晚节不保

南宋权臣贾似道生活奢侈靡费，沉溺于享乐之中。他喜好斗蟋蟀，甚至将蟋蟀带上朝堂，严重损害了朝廷的威严和形象。他对待下属严苛无情，对敢于直言进谏的朝臣进行打压和迫害，结党营私，排除异己，还滥用职权为自己聚敛钱财，进一步加剧了朝野对他的反感。面对蒙古军队的威胁时，贾似道未能采取有效的军事措施进行防御。相反，他多次隐瞒军情，甚至与蒙古私下议和，答应称臣纳币，出卖了南宋的国家利益。在丁家洲之战中，贾似道亲率大军迎战蒙古军队，却大败而归。他的无能和怯懦让南宋军队士气低落，也加剧了南宋的灭亡危机。在蒙古军队逼近临安之际，贾似道失去了所有支持。他被贬为高州团练副使，流放到偏远的循州安置。在押解途中，他被监押使臣郑虎臣所杀，结束了罪恶的一生。

如果贾似道能够在权势的诱惑面前保持清醒的头脑，以国家为重，以人民为先，修身养性，广开才路，那么他或许能够成为一位名垂青史的贤相，引领南宋走向复兴之路。然而，由于贪婪与短视，他走上了自我毁灭的道路，也加速了南宋的灭亡。

贾似道等人胡作非为，南宋朝政更加腐败不堪，民心尽失。最终，在蒙古军队的强大攻势下，南宋政权土崩瓦解，贾似道本人也落得个身败名裂、死于非命的下场。他的所作所为不仅使他自己遗臭万年，更让南宋的百姓和后世之人对其深感痛恨。

### ·心得·

君子与小人都会遭遇各自的挑战与苦难，然而，由于两者的品格、行为方式及价值观存在根本差异，他们在面对困难时所呈现出的状态及最终承受的后果也截然不同。

君子以高尚的道德情操和坚定的原则为指引，即便身处逆境，也能保持内心的平和与坚韧。他们将困难视为成长的磨砺，勇于面对，积极解决。因此，君子所经历的苦难，往往能转化为他们前进道路上的动力。小人则因私欲过重、品德卑劣而常常陷入自我制造的困境之中。他们为了一己之利，不惜违背道德，触犯法律，甚至损害他人的利益。这种行为不仅会导致他们的人际关系紧张、信誉扫地，更可能引发严重的社会后果。

一旦小人的恶行被揭露，他们将面临来自四面八方的指责与惩罚，永难翻身。

# 追名不如求实

名勿信，实勿怠。

不要轻易相信虚名，而务实不能有丝毫懈怠。

**案例**

## 胡服骑射的名实之辩

战国时期，赵国地处北方，与匈奴等游牧民族接壤，经常受到侵扰。赵武灵王继位后，为了增强赵国的军事实力，决定推行"胡服骑射"改革，即学习匈奴的服饰和骑射技术，以提高军队的机动性和战斗力。然而，这一改革却遭到了国内贵族的强烈反对。他们认为，穿胡服、学胡人的骑射是丢弃赵国的传统和文化，是对祖先的背叛，会损害赵国的名声。

为应对强大的阻力，赵武灵王事先与大臣肥义、将军楼缓商议，获得支持后下令全国实行胡服。面对公子成、赵文、赵造等贵族的反对，赵武灵王表示应"顺势而为，随俗变革，礼仪与时代同步"，强调"有利于国家不必拘泥于古法"，并指出服饰制度并非衡量贤者的标准。最终，在赵武灵王的坚持和说服下，窄袖、交领右衽的胡服在赵国上下推行开来。他还成功占领原阳，并将其改为"骑邑"以训练骑兵。面对牛赞的反对意见，赵武灵王以"时代变迁，利益随之改变；距离远近，策略亦需调整"为由进行反驳，最终使牛赞心悦诚服。

经过赵武灵王的不懈努力，"胡服骑射"改革最终得以成功实施。赵国的军队实力大增，战斗力显著提升，成为战国七雄之一。而赵武灵王也因其务实的改革精神和卓越的领导才能，赢得了后人的尊敬和赞誉。他的名声并没有因为穿胡服、学胡人的骑射而受损，反而因此更加显赫。

赵武灵王改革的故事告诉我们，在追求名声和荣誉的同时，我们更应该脚踏实地、勤奋务实，这样才能成就一番真正的事业。同时，我们也应该学会辨别名、实的真伪，不被虚名所迷惑，坚持自己的信念和原则，勇往直前。

**·心得·**

名声往往被赋予过多的光环，这容易使人感到迷惑，导致一些人追求虚名而忽视实际能力和成果的重要性。虚名如同浮云，唯有真实的能力和务实的态度才是立足之本。务实需要持之以恒，无论是个人成长还是事业发展，都必须脚踏实地、勤奋努力。在竞争激烈的环境中，只有不懈怠，我们才能避免停滞不前或倒退。只有持续的努力，我们才能脱颖而出，实现自我价值。

无论善名还是恶名，往往源于过度宣扬，我们不应轻易相信，而应深入调查以辨别真相。务实的人重视解决实际问题。良心比虚名更为重要，这才是真正的善。超越肤浅的善恶之名，我们才能不计较毁誉，务实并专注于为社会带来积极的改变。

# 气节不失微末

小处容疵，大节堪毁。

若在小事上容忍瑕疵，其累积起来的影响可能最终导致大节毁灭。

**·案例·**

## 杨震拒金

杨震是东汉时期名臣，以为官清正廉洁著称。在担任荆州刺史期间，他发现了王密的才能，并向朝廷推荐王密担任昌邑县县令。后来，杨震调任东莱太守，当他途经昌邑时，王密亲自出城迎接他。两人交谈甚欢，直到深夜，王密起身准备离开时，突然从怀中取出黄金放在桌上，表示要以此感谢杨震。杨震则回应道："我之所以推荐你，是因为我深知你的才华和品德，期望你能成为一位廉洁奉公的好官员。你这样做，岂不是辜负了我的期望和信任？"王密坚持说："现在夜深人静，不会有人知晓，请您收下吧！"杨震立即严肃地反驳："天知，地知，我知，你知！难道没有旁人在场，我们的良知也随之消失了吗？"王密听后满脸羞愧，只好作罢。

杨震面对故人的馈赠，断然拒绝。他深知，若收下这笔不义之财，便会失去对道德底线的坚守。杨震的拒金之举不仅彰显了他个人的高尚品德，更传递出一种强烈的社会责任感和对国家法律的尊重。

杨震"暮夜却金"之事影响很大，后人因此称杨震为"四知先生"。他的清廉之名、公正之心因此得以流传千古，他也成为后世学习的楷模。

古人云："千里之堤，溃于蚁穴。"这句谚语深刻地揭示了一个道理：若忽视了细节上的问题，其负面效应会像滚雪球一样逐渐扩大，最终可能侵蚀一个人的品格和原则。

在日常生活中，我们经常面临一些看似不起眼的选择和决策，然而这些选择和决策往往反映了我们的价值观和道德标准。如果我们对这些小问题放任自流，长此以往，我们的核心原则——那些体现我们本质和信仰的品质——可能会逐渐被侵蚀，甚至崩溃。

人的品行高低往往能通过日常行为表现出来。那些只擅长空谈的人总会在行动中暴露出破绽。事物自有其发展规律，只要细心观察，谨慎验证，我们不仅能辨别真伪，还能以此为突破口，以小见大，在不知不觉中洞察人心。

# 自强不求于人

原文

不求于人，其尊弗伤。

**白 话**

不依赖他人的施舍，自己的尊严便不会受到伤害。

**案例**

## 齐白石自学篆刻

齐白石是中国国画界的巨匠，其艺术造诣举世瞩目。他年轻时，家乡来了一个自诩篆刻大家的文人，许多人纷纷请求他刻制印章。身为画家，齐白石自然需要一枚印章，然而他出身木匠，对篆刻技艺并不精通。因此，他携一块寿山石，前往那个文人处请求刻制一枚印章。那个文人并未端详，便将石头搁置一旁，告知齐白石过些时日再来领取。待到约定之日，齐白石前往领取，却被告知要将石头磨平后再带过来刻章。齐白石只得耐心地磨平石头，再次呈递。不料数日后，齐白石得到的答复依旧是将石头带回去继续磨平。

齐白石一气之下收回了寿山石，决定自学刻章技术，以摆脱对他人的依赖。没有篆刻刀，他就拿起一把修脚刀，连夜刻成了一方印章。他将这方用修脚刀刻成的印章展示给他人看时，竟意外地赢得了一片赞扬之声。

从此，齐白石更加坚定了自学篆刻的决心。他虚心求教、刻苦钻研，不断提升自己的篆刻技艺。凭借着这种不甘平庸、自强不息的精神，他最终在篆刻领域取得了卓越的成就，成为集诗、书、画、印于一身的艺术大师。

**心得**

《增广贤文》中说："使口不如自走，求人不如求己。"

个人的尊严建立在自给自足的基础之上。若一个人事事依赖他人，无所作为，不仅亲人会轻视他，外人亦会鄙夷他。依赖他人，犹如藤蔓依附树干，虽可一时攀附，却终难独立。自力更生，方能如松柏挺立，风霜不摧。人生之路坎坷不平，唯有自强不息，方能披荆斩棘、勇往直前。

站在相对的角度，"授人以鱼不如授人以渔"，教人技能胜于直接给予。技能在手，方能自食其力，不畏将来。

# 智者节欲保身

无嗜之病，其身靡失。

没有过度的嗜好，便不会因此而迷失自我。

**·案例·**

## 吴王夫差的遗恨

夫差是春秋末期吴国君主，初时励精图治，大败越国，俘虏越王勾践。然而，胜利之后，夫差却沉迷于美色与享乐之中，尤其是对西施的宠爱，更是让他荒废朝政，不思进取。同时，他酷爱斗鸡走马，且不惜耗费巨资，以致劳民伤财。这些不良嗜好不仅消磨了他的斗志，也削弱了吴国的国力，最终为越国的成功复仇埋下了伏笔。

吴王夫差的故事告诉我们：领导者必须时刻保持清醒的头脑，远离不良嗜好。一旦发现不良嗜好的苗头，便应立即采取措施，防微杜渐，以免其成为大患；同时，还应加强自我修养，培养高尚的情趣和远大的志向，以抵御外界的诱惑和干扰。

嗜好是人心性的一种体现，本质上无可指责。然而，不良嗜好宛如潜伏的心魔，一旦萌生，便会悄然侵蚀人的意志，让人难以摆脱。许多人不自觉地犯下错误，同时也为他人提供了利用的机会。

人的嗜好揭示了兴趣所在，但不良嗜好往往会导致人堕落，要保持警惕。有些人对此掉以轻心，不以为意，最终逐渐被不良嗜好腐蚀意志，使整个人生都发生了根本性的改变。因此，一旦发现不良嗜好的苗头，应尽早根除，以免心魔壮大，对身心造成伤害。


# 兴家不用奇计


**原文**

君子兴家，不用奇计。

**白话**

君子在兴家立业时，不依赖巧诈与奇谋。

## 晏子的家风与家训

晏婴是春秋时期齐国著名政治家、思想家，其家风与家训不仅对其家

221

族产生了深远影响，更为后世提供了宝贵的借鉴意义。《晏子春秋》记载了晏婴辞退家臣高纠的故事，晏婴指出其家风有三条，而高纠一条都不具备，因此才被辞退。晏婴在临终时还给子女留下了家训，强调勤俭、仁爱、尚贤、富国的重要性。他告诫子孙：要节约用度、勤俭持家；对待家中的童仆和民众要仁爱体恤；做官要尊重人才；要努力工作，为国家的繁荣富强做出贡献。

晏婴注重家风的建设与传承。他有三条家风：一是家人要谈正事、做公事，务实苦干、一心为公；二是在外要多赞扬家人、树立家人的良好形象，在内多互相批评、互相提醒；三是要尊贤重士，对人才平等相待，热情诚恳。

晏婴以自己的言行举止为家族成员做榜样，引导他们树立正确的价值观和道德观。同时，他还通过家训的形式将家族的传统美德和处事原则固化下来，供后代子孙学习借鉴。晏婴的家风家训传承至今，不仅使他的家族保持了长久的兴盛与繁荣，更为后世树立了良好的典范。

### 心得

家庭的兴盛与衰败，往往与家族成员的品德和行为紧密相关。君子以正道立家，在追求家族繁荣的道路上，绝不会选择旁门左道，更不会利用奇谋诡计来谋取短暂的利益。因为君子明白这样的手段或许能带来一时的成功，却会严重损害家族的声誉和根基，最终导致家族衰落。

君子坚持以德服人，以理治家，用自身的言行举止为家族成员树立榜样，从而引领家族走向更加光明的未来。

# 无常唯余真理

无不亡之身，存不灭之理。

世上没有不死的人，只有不灭的天理。

**案例**

## 王阳明的心学传承

王阳明是明代杰出的思想家、哲学家、文学家、军事家和教育家，一生致力于心学的研究与实践。他提出的"知行合一""致良知"等思想，对中国乃至东亚地区的文化产生了深远的影响。王阳明的生命也如同常人一般，有始有终。王阳明去世后，他的心学并未随着他的肉身而消逝，反而得到了广泛的传播与发展。从明朝末年到清朝中叶，心学成为士人阶层的重要思想流派，影响了一大批具有高尚品德与卓越才能的文人墨客。即使在今天，王阳明的心学思想依然被许多人所推崇，成为他们修身养性、追求真理的重要指导。

王阳明通过著书立说、讲学传道等方式，将自己的思想传授给后世。同时，他以身作则、身体力行地践行自己的道德理念，为后人树立了崇高的榜样。正是这种立言立德的精神追求，王阳明的心学得以跨越时空的限制，成为人类文明史上的璀璨明珠。

时至今日，王阳明的心学思想依然熠熠生辉，为后人提供了宝贵的精神食粮。他的思想不仅影响了中国历史的发展进程，还跨越国界，传播到海外各地，成为全人类共同的精神财富。

**·心得·**

无论是高高在上的帝王将相，还是默默无闻的平民百姓，都无一例外地遵循着生老病死的自然法则。尽管生命如同流星划过夜空般短暂，但总有那么一些人的思想、精神与事迹能够摆脱时间的枷锁，跨越空间的界限，永远镌刻在历史的丰碑之上。这些永恒不灭的道理与精神如同星辰，指引着人类前行的道路，激励着无数后来者勇往直前。